东数西算
国家战略与投资机遇

EAST-TO-WEST
COMPUTING RESOURCE
TRANSFER PROJECT

韩松 李锋 杨龙见 著

电子工业出版社
Publishing House of Electronics Industry
北京·BEIJING

内 容 简 介

本书从"东数西算"工程的宏观背景入手,介绍"东数西算"工程的由来和战略意义,分析存在的问题和面临的挑战,进而介绍"东数西算"工程的投资机遇,重点分析"东数西算"工程的技术图谱、建设图谱和产业图谱。

本书不仅适合数字经济相关行业从业人员阅读和参考,也适合想了解"东数西算"工程的普通读者和高校师生阅读,尤其建议对"东数西算"工程相关产业有投资需求的企业管理者参阅。

未经许可,不得以任何方式复制或抄袭本书之部分或全部内容。
版权所有,侵权必究。

图书在版编目(CIP)数据

东数西算:国家战略与投资机遇 / 韩松等著.
北京:电子工业出版社,2024.5. -- ISBN 978-7-121-48179-6
Ⅰ.F492
中国国家版本馆 CIP 数据核字第 2024RZ0308 号

责任编辑:张 鑫
印　　刷:三河市良远印务有限公司
装　　订:三河市良远印务有限公司
出版发行:电子工业出版社
　　　　　北京市海淀区万寿路 173 信箱　　邮编:100036
开　　本:700×1000　1/16　印张:11.25　字数:162 千字
版　　次:2024 年 5 月第 1 版
印　　次:2024 年 5 月第 1 次印刷
定　　价:59.00 元

凡所购买电子工业出版社图书有缺损问题,请向购买书店调换。若书店售缺,请与本社发行部联系,联系及邮购电话:(010)88254888,88258888。

质量投诉请发邮件至 zlts@phei.com.cn,盗版侵权举报请发邮件至 dbqq@phei.com.cn。

本书咨询联系方式:zhangx@phei.com.cn。

推 荐 语

中国计算机学会第十二届理事长、中国科学院院士　梅宏

　　本书从国家"东数西算"工程的算力枢纽节点和数据中心集群布局的背景及现实意义切入，对算力网络、确定性网络技术、算网融合等关键技术进行了梳理，对数据中心建设可能带动的未来产业变革进行了探讨，展望了"东数西算"在云计算服务、数字金融、数字产业、人工智能、元宇宙等数字经济领域的发展图谱，是产业投资和研究的有价值的参考材料。

武汉大学校长、中国科学院院士　张平文

　　算力是数字经济时代的基础。继农业时代"南水北调"和工业时代"西电东送"的大型国家工程之后，为了平衡东部数字经济快速发展和西部过剩能源之间的矛盾，国家实施"东数西算"工程，是数字经济时代的西部大开发，也代表了新的产业发展机遇和规划蓝图。本书从技术、网络和产业角度，探索了"东数西算"给产业发展带来的变革，数字产业化和产业数字化的新动向值得每个研究者关注。

中国工程院院士、中国电科首席科学家、量子科技长三角产业创新中心主任　陆军

　　本书立足"东数西算"国家工程，重点阐述了国家平衡东西部算力供给与需求的政策初衷。在产业布局和节点网络城市的发展方面，长三角地区具有独特的优势地位，抓紧优化算力布局的同时，积极承接长三角中心城市实时性算力需求，引导温冷业务向西部地区迁移。在这样的数据底座上，发展量子计算云平台，为用户提供云端入口，能够极大发挥量子计算资源优势和潜力。

作者简介

韩松

北京大学光华管理学院管理信息系统博士、国民经济学博士后研究人员。曾在国家部委、地方政府、国有企业、上市公司工作。参与或主持多项国家、地方、行业重大经济发展规划制定工作，牵头主持某能源行业全国信息化安全监管的应用等工作，发表数十篇学术论文，在半导体材料、数字产业等领域具有多项成功投资经验。

李锋

北京大学—美国哥伦比亚大学联合培养博士，中共中央党校（国家行政学院）政治和法律教研部副教授，习近平新时代中国特色社会主义思想研究中心（院）研究员，清华大学数据治理研究中心研究员，国家社会科学基金重大专项首席专家。哈佛燕京学社访问学者，发表中英文论文三十余篇。

杨龙见

北京师范大学博士，北京大学博士后，中央财经大学财政税务学院副教授、税法研究中心主任，在《中国社会科学》《金融研究》《统计研究》等期刊发表多篇论文，主持教育部人文社会科学基金等项目。

前　言

数字经济发展壮大的过程是现代化产业体系深入推进建设的过程。数字经济对现代化产业体系的作用主要体现在两方面。一方面，数字经济依托数字技术、信息资源，嵌入传统产业全链条、各环节，促成各类生产要素高效组合迭代，生产过程、管理过程及市场活动更加自动化、智能化，以此提高企业的全要素生产力及产业体系的科技含量，实现传统产业增容扩能并向更高端业态发展。另一方面，数字经济具备高渗透性、强扩散性，将有力牵引产业的跨界融合，孕育并壮大人工智能、云计算、大数据、元宇宙等新兴产业。当下，共享经济、平台经济、微经济等新理念层出不穷，新零售、新媒体、数字货币等新业态新模式交织碰撞，重新定义了供需逻辑及规则，创造出现代化产业体系的"增量"。前者需要大力推进，后者需要重点关注、积极培育。传统产业已然处于发展稳定期，而未来的发展，应由数字经济赋予企业新的要素动能，推陈出新，引领经济驱向创新，产生更大范围、更深层次的"价值溢出"。

我国在推进数字经济创新发展的过程中，面临的主要问题是基础设施尚不完善。算力作为重要的新质生产力，受制于东部地区的能耗指标、电力成本、土地资源等因素。另外，相较于东部地区算力需求的逐步扩大，西部地区的数据中心超前建设但利用率不高，总体上呈现出东部和西部地区算力需求、供给发展不平衡、不充分的局面。正是在这样的背景下，首次提出"东数西算"工程。从构建国家级算力枢纽节点到规划若干数据中心集群，把东部地区大量生产生活数据传输到西部地区进行存储、计算并进行反馈，实现东部和西部算力资源的优化，从而有效打通"数据"和"算力"大动脉，构建一张全国一体的算力网络。

东数西算：国家战略与投资机遇

"东数西算"工程作为重要的国家战略，每年或将带动的直接投资大约为 6000 亿元，投资带动效应或将达到 1∶8，每年拉动的产业规模预计达到 4.8 万亿元，最终围绕数据中心形成若干具有国际竞争力的数字产业集群。深入研究"东数西算"工程带来的产业机遇，重点分析产业链条上每个环节的技术发展，能够帮助我们找到中国未来最具价值的投资密钥。正如 2000 年的互联网及 2010 年后的移动互联网，作为整个数字经济的底座，"东数西算"工程将造就巨大的产业发展机遇和行业成长契机。希望读者通过阅读本书展现的各项技术、重点地区和产业情况，对国家实施"东数西算"工程有初步的了解，同时也能在其中找到下一步经济增长的新机遇、新起点。

本书由韩松、李锋、杨龙见著。写作过程中得到了相关行业专家的大力支持，在此向对提供帮助的所有专家表示感谢。

由于写作时间仓促，且"东数西算"工程实施时间较短，相关政策效应尚未完全显现，调研中对相关情况掌握不够全面，书中难免存在错误疏漏之处，望广大读者批评指正。

目 录

引言 ·· 1

第一章 "东数西算"工程的宏观背景 ·· 2
第一节 "东数西算"工程的由来 ·· 2
第二节 "东数西算"工程的战略意义 ·· 5
第三节 "东数西算"工程面临的问题 ·· 11
第四节 "东数西算"工程面临的挑战 ·· 14

第二章 "东数西算"工程的投资机遇 ·· 20
第一节 投资规模 ·· 20
第二节 投资进度 ·· 21
第三节 重点领域 ·· 24
第四节 重点区域 ·· 26

第三章 "东数西算"工程的技术图谱 ·· 39
第一节 绿色节能类技术 ·· 40
第二节 算力网络类技术 ·· 48
第三节 智能运维技术 ·· 53
第四节 云计算技术 ·· 60
第五节 基础底座技术 ·· 67
第六节 技术成熟度 ·· 71

第四章 "东数西算"工程的建设图谱 ·· 77
第一节 绿色能源供应系统 ·· 77
第二节 电子信息制造 ·· 83
第三节 软件和信息技术服务 ·· 88

第四节　网络通信 ··· 94
　　第五节　数据中心 ··· 99
　　第六节　数据中心基础设施 ······································ 106
第五章　"东数西算"工程的产业图谱 ······························ 110
　　第一节　云计算服务 ··· 110
　　第二节　大数据产业 ··· 118
　　第三节　人工智能产业 ·· 127
　　第四节　数据安全产业 ·· 135
　　第五节　数字金融 ·· 142
　　第六节　数字政府 ·· 147
　　第七节　数据要素市场 ·· 154
　　第八节　元宇宙 ··· 161
参考资料 ··· 171

引言

数字经济是继农业经济、工业经济之后的主要经济形态。农业经济时代，土地是最核心的生产要素，为解决北方地区尤其是黄淮海流域的水资源短缺问题、优化水资源配置，我国实施了"南水北调"工程，促进了农业生产发展。工业经济时代，以煤炭、石油、天然气为代表的能源变为最核心的生产要素，为优化能源资源配置，我国先后实施了"西电东送""西气东输"等重大工程，加速了我国工业化进程。数字经济时代，数据正在成为最核心的生产要素，推动数据要素流通是发挥数据要素价值、促进产业转型升级和推动经济高质量发展的前提和基础。但是，受经济发展水平的影响，我国数据中心大都集中在东部发达地区，面临着土地资源紧缺、能源供给不足、人才成本较高等问题，很大程度上制约了我国算力资源的优化和能源使用效率的提升。不同发展阶段的国家战略如表1所示。

表 1 不同发展阶段的国家战略

发展阶段	战略工程	调度资源	谋划时间	启动时间
农业经济	南水北调	水	1952年	2002年
工业经济	西电东送	电力	1986年	1996年
	西气东输	天然气	1998年	2000年
数字经济	东数西算	算力	2020年	2022年

为统筹布局绿色智能的数据与算力基础设施，建设和完善全国一体化大数据中心体系，2022年2月17日，国家发展和改革委员会、中央网络安全和信息化委员会办公室、工业和信息化部、国家能源局四部门联合启动了"东数西算"工程。

第一章
"东数西算"工程的宏观背景

第一节 "东数西算"工程的由来

当前,世界经济正经历百年未有之大变局,新一轮科技革命和产业变革深入推进,我国经济社会发展的内外部环境正在发生深刻复杂的变化,不稳定性、不确定性更加突出。在这样的背景下,推动数字化、网络化、智能化转型,成为经济社会发展的重要趋势,这对我国数字基础设施建设和数字产业发展提出了新的更高要求。

1. 外部发展环境深刻变化

近年来,新一轮科技革命和产业变革深入推进,互联网、云计算、大数据、人工智能、区块链、元宇宙等数字技术创新日益活跃,数字经济已经成为新一轮国际竞争的重点。数据作为数字经济时代的关键生产要素,正在深入渗透到经济社会各领域发展的全过程,传统产业智能化、绿色化、融合化速度加快,新产业、新业态、新模式蓬勃发展,推动生产方式、生活方式和治理方式发生深刻变革。美国、欧盟、英国、日本、韩国等发达经济体纷纷发布数字经济发展战略,在科技创新、产业培育、人才培养等方面做出前瞻布局。例如,欧盟发布了《2030数字罗盘计划:数字化十年的欧洲道路》,确定了欧盟数字化转型的具体目标与实施路径,到2030年,3/4的欧盟企业应使用云计算服务、大数据和人工智能,90%以上中小企业应达到基本的数字化水平,数字领域独角兽企业达到250家。在这样的背景下，多国持续加大人工智能、量子科技、先进计算、未来网络等研发投入，加强数据中心、算力网络等基础设施建设，加快培育数字经济新技术、新业态、新模式，力图抢占未来竞争新优势。

2．传统增长引擎动力减弱

过去40多年来，我国宏观经济长期保持持续高速增长态势，名义平均增速达到了13.7%，为世界经济增长做出了巨大贡献。但是，随着我国经济总量的不断增长，经济增速开始逐渐放缓，由原来超过10%的高速增长，转变为6%～8%的中高速增长。尤其是2020年以来，经济增长的不确定性增加，宏观经济下行压力进一步加大，传统的消费、投资、出口"三驾马车"对经济增长的拉动效力开始减弱。2023年，我国经济增长速度仅为5.2%。消费方面，近年来我国居民储蓄和消费发生了重大变化，2019—2023年，社会消费品零售总额由40.8万亿元上升至47.1万亿元，年均复合增长率为3.66%，远低于2020年以前8.0%的增长速度。投资方面，我国公路、铁路、机场等传统基础设施以及农村地区的水、电、路、气、网等基础设施建设已经达到较高水平，2023年全社会固定资产投资50.97万亿元，同比增长2.8%，增长速度下降了2.1%，投资带动的增长空间有限。出口方面，目前我国出口贸易占全球的比重已经达到15%左右，已经接近于第二次世界大战后美国的最高值，而且全球经济增速放缓，出口增长潜力十分有限。与此同时，美西方在科技创新、产品贸易、人才交流等领域的全球策略，对我国科技创新、产业发展产生严重影响。

3．新型增长动力正在形成

进入21世纪以来，互联网和数字技术的快速发展和普及应用为传统产业的转型升级带来了巨大的发展空间，云计算、大数据、物联网、人工智能等新一代信息技术与传统产业深度融合，正在形成一系列新业态、新模式，成为拉动经济增长的重要支撑和推动产业转型的重要力量。在工业互联网领域，根据《中国工业互联网产业经济发展白皮书（2023年）》的测算数据，2023年，我国工业互联网产业增加值总体规模达到4.69万亿元，占GDP的比重达到3.72%。具有一定区域和行业影响力的平台超过240家，服务工业企业超过160万家，工业设备连接数量接近9000万台套。在大数据领域，根据国家工业信息安全发展研究中心的测算，2012年以来，我国大数据产业规模年均增速超过30%，是同期经济增速的4倍多，2023年大数据产业规模达到1.74万亿元，同比增长10.45%。在电子信息领域，根据工业和信息化部的数据，2023年规模以上电子信息制造业增加值同比增长了3.4%，比高技术制造业高0.7%。在机器人领域，我国机器人产业发展势头迅猛，2022年我国机器人行业营业收入超过1700亿元，其中规模以上工业企业完成工业机器人产量44.3万套，超过了全球总量的50%，连续九年位居世界首位。由此可见，以数字经济为驱动的经济形态正在快速形成和加速发展，已经成为推动传统产业赋能增效、促进经济结构优化升级、培育经济新增长点的主要动力源。

4. 全球算力需求快速增长

当前，数据正在成为继土地、劳动、资本和技术之后的第五大生产要素，成为重塑全球经济结构和产业格局的重要力量。随着数字经济的持续快速发展，我国数据资源总量不断扩大。2022年，根据国家互联网信息办公室发布的《数字中国发展报告（2022年）》，我国数据产量达到8.1ZB，同比增长22.7%，全球占比达10.5%，位居世界第二位。随着数字技术向经济社会各领域的全面持续渗透，以及人工智能训练、大科学计算等的发展，全社会对算力的需求仍十分迫切，数据中心已成为国民经济发展的重要基础设施。截至2023年年底，我国在用数据中心机架总规模超过810万架标准机架，算力总规模达到230EFLOPS（每秒230百亿亿次浮点运算），近5年年均增速超过30%，算力总规模排名全球第二。加快推进全国一体化大数据中心体系，提升算力水平，将有效激发数据要素创新活力，加速数字产业化和产业数字化进程，催生数字经济新技术、新产业、新业态、新模式，支撑经济社会高质量发展。

5. 优化算力布局势在必行

为了更好地存储和计算海量数据资源，各大互联网企业、电信运营商等在各地部署建设了一批大数据中心，数据中心业务收入呈持续快速增长的势头。根据中国信息通信研究院发布的《数据中心白皮书（2022年）》，2019—2021年，我国数据中心市场收入年均复合增长率达到30.69%，2021年市场收入达到1500.2亿元，同比增长了28.5%。但是，我国数据中心分布不均的问题较为突出，目前大约有80%的数据中心分布在东部沿海发达地区，制约了我国数据和算力资源的优化配置以及大数据产业的持续健康发展。在这样的背景下，推动数据中心合理布局和算力资源优化，在西部地区布局一大批算力枢纽和数据中心集群，引导算力资源由东向西梯度布局，能够极大地提升全国数据存储能力和算力资源配置能力，扩大算力资源供给，充分发挥大数据对经济发展的赋能、赋值、赋智作用。

在这样的背景下，系统布局绿色节能、智能高效、统筹协调的数据与算力基础设施，建设完善全国一体化大数据中心体系，就显得十分必要而且紧迫。因此，经过长期酝酿和系统谋划，2022年年初，国家发展和改革委员会、中央网络安全和信息化委员会办公室、工业和信息化部、国家能源局四部门联合启动了"东数西算"工程，在京津冀、长三角、粤港澳大湾区、成渝、内蒙古、贵州、甘肃、宁夏等8地启动建设国家算力枢纽节点，并规划布局了张家口、芜湖、长三角、韶关、重庆、天府、贵安、庆阳、中卫、和林格尔等10个国家数据中心集群，推进全国一体化大数据中心体系建设。

第二节 "东数西算"工程的战略意义

"东数西算"工程是指在西部建设一批国家算力枢纽节点和若干数据中心集群，把东部大量生产生活数据传输到西部进行存储、计算和反馈，实现东西部算力资源的优化。实施"东数西算"工程，推动数据中心合理布局、优化供需、绿色集约和互联互通，在提升整体算力水平、优化能源配置效率、引导产业资本投资、推动区域协调发展、促进数字技术创新和支撑国家科技攻关等方面具有重大的战略意义，为做强、做优、做大我国数字经济提供强有力的基础算力支撑。

1．提升整体算力水平

当前，受经济发展水平、数据存储需求、产业配套能力以及人才资源供给等多重因素的影响，我国大约有80%的数据中心分布在京津冀、长三角、粤港澳大湾区等东部经济发达地区，而且东部地区的算力需求仍然在不断上升。但是，由于土地、能源、人才等要素资源供给日趋紧张，在东部经济发达地区投资建设和运营数据中心的边际成本大幅上升，提升算力水平面临巨大挑战，难以满足日益增长的数据存储和算力需求。而我国广大西部地区，土地、能源、人才等资源充裕，特别是水电、风电、光伏等可再生能源丰富，投资建设数据中心的成本较低、潜力较大，具备建设数据中心的基础。因此，在成渝、贵州、内蒙古、宁夏、甘肃等广大西部地区布局建设一批算力枢纽节点和数据中心集群，将有利于提升全国能源资源和土地资源使用效率，以较低的成本和较少的投入提升我国整体算力资源供给能力。

2．优化能源配置效率

目前，我国电力结构以煤电为主，而煤炭资源分布主要集中在内蒙古、陕西、新疆、贵州、宁夏等西部地区以及中部的山西。根据国家能源局的数据，2023年，我国发电量累计数值达到了9.36万亿千瓦时。在这样的情况下，如果数据中心过度集中于能源消耗比重较高的东部沿海地区，将加大能源传输成本、降低能源使用效率。实施"东数西算"工程，对优化能源配置效率具有重要意义。第一，推动绿色电力消纳。8个算力枢纽节点中，贵州、成渝等地水电资源丰富，内蒙古、宁夏、甘肃风电和光伏资源丰富。"东数西算"工程的建设和运营，有利于西部地区可再生能源就地就近消纳，从而缓解西部地区弃风、弃光、弃水现象。第二，提升综合用能效率。"东数西算"工程的建设，可以通过技术创新、以大换小、低碳发展等措施，持续优化数据中心能源使用效率，为实现"双碳"目标做出积极贡献。例如，华为位于西部算力枢纽节点的数据中心，未来满负荷运行情况下每年大约可以节约电力超过10亿度，减少碳排放超过80万吨，相当于植树3500多万棵。第三，促进能源稳定供给。可以借助云计算、大数据、物联网、人工智能等技术对数据中心运营所涉及的电力、燃气、水、热等各类能耗数据进行实时采集、监控、运维以及用能诊断、节能改造、运营管理，提供包括用能咨询、用电行为数据、能效分析预测、节能服务以及故障排查、定向或随机回访等综合能效服务，从而提升能源供给的稳定性。

3．扩大产业资本投资

"东数西算"工程是数字经济时代的新型基础设施，具有产业链条长、覆盖门类广、投资规模大、带动效应强等特点。根据《2022—2023全球计算力指数评估报告》对15个国家计算力指数与经济增长的关系进行的量化分析，发现计算力指数平均每提高1个百分点，数字经济和GDP将分别增长3.6个和1.7个千分点。因此，实施"东数西算"工程，加强算力枢纽节点和数据中心集群的建设，不仅将加大传统的土建工程建设投资，而且还涉及IT设备制造、信息通信、基础软件、绿色能源供给等新型基础设施建设投资。随着5G、人工智能、云计算、自动驾驶等新技术的快速发展和广泛应用，我国数据资源采集、存储、计算和应用需求将不断提升，从而带动数据中心业务规模的高速增长。"东数西算"工程实施以来，我国数据中心规模快速增长，机架数量从2017年的166万架标准机架增至2023年年底的810万架标准机架，算力总规模达到230EFLOPS，年均复合增速达到30%以上。可见，"东数西算"工程将极大地促进整体算力水平的提升，并带动数据中心产业集聚发展，为推动产业转型升级和经济高质量发展提供有力支撑。

4．推动产业融合发展

受区位优势和资源禀赋等因素影响，我国经济发展存在较为严重的区域差异。国家统计局数据显示，2022年东部、中部和西部人均GDP分别为10.23万元、7.31万元和6.68万元，其中东部人均GDP是西部的1.53倍。东部地区数字基础设施完善、数字化应用场景丰富、数字人才资源充足，具有数字经济发展的产业基础。例如，跨行业跨领域工业互联网平台是我国工业互联网最高发展水平的代表，其数量是反映产业融合创新能力和数字化赋能水平的重要指标。2023年，工业和信息化部发布的50家跨行业跨领域工业互联网平台，东部地区数量占比达到90%。随着数字经济时代的来临，东西部之间的区域分化趋势可能还将进一步强化。实施"东数西算"工程，**一方面，可以促进区域协调发展**。推动算力设施由东向西布局，带动相关产业有效转移，促进东西部数据流通、价值传递，拓展东部地区的发展空间，更好地推进西部大开发形成新格局。比如，早在"东数西算"工程提出之前，华为、阿里巴巴、腾讯、世纪互联等国内互联网企业以及苹果、谷歌、英特尔、微软等国际知名企业先后在贵州和内蒙古布局建设了一批数据中心项目。华为在2017年就提出"南贵北乌"的云数据中心战略，在贵州贵安新区和内蒙古乌兰察布大数据产业园规划建设了超大型数据中心基地，远期服务器均达到100万台以上，目前已投产使用，未来华为计划将60%～80%的数据中心布局在西部；世纪互联未来3～5年内还将在乌兰察布投资建设占地规模达200亩、投资总额逾30亿元的数据中心。**另一方面，可以促进产业融合发展**。不同产业相互渗透、相互交叉，最终融为一体，是现代产业发展的新趋势。"东数西算"工程的建设，将极大地提升我国信息基础设施建设水平，推动云计算、大数据、物联网、区块链、人工智能等新一代信息技术在农业、制造业、交通运输、政务服务、医疗卫生等领域的融合应用，催生出多种新技术、新产业、新业态、新模式。

5. 促进数字技术创新

当前，我国数字经济发展具有显著的优势，拥有应用场景丰富、基础设施完善、市场规模庞大等特点，具备数字技术创新的基础。

但是，我国在底层技术、基础研究等方面的积累较为薄弱，尤其是在电子信息、基础软件、人工智能等领域，一旦美西方国家改变策略，许多产业或将陷入困境，大量企业可能会经营困难甚至破产倒闭。比如，在大数据平台方面，我国批处理平台、流计算平台等技术对开源依赖程度较高，存在开源断供、协议变更等风险。据统计，超过95%的分布式批处理平台都是基于开源平台二次开发完成的，超过85%的分布式流计算平台都是基于主流开源技术路线二次开发完成的。在数据库方面，我国数据库领域的核心自主研发能力较弱。据统计，超过50%的关系型数据库都是基于MySQL数据库和PostgreSQL数据库进行的二次开发，非关系型数据库产品则主要是基于Redis、InfluxDB、CouchDB等开源数据库进行的二次开发。在工业软件方面，我国制造业规模全球最大，制造业产值已经超过美国、日本、德国等国的总和，但是我国制造企业采用的研发设计类工业软件严重依赖进口。《中国工业软件产业白皮书》显示，我国使用的研发设计类工业软件长期被欧美国家垄断，95%的工业软件依赖从美国、德国和法国等国进口，面临严重的断供风险。实施"东数西算"工程，能够以需求为牵引带动云计算、大数据、软件、人工智能、绿色节能、元宇宙等基础前沿技术的创新突破和迭代升级，从而促进大数据平台、数据库、工业软件等数字技术的创新发展。

6．支撑国家科技攻关

算力包括基础算力、智能算力和超算算力，是科技创新的新引擎，能够为科技创新提供强大的计算支持，极大地提升科技创新效率。"东数西算"工程并非只是简单地提升算力资源总量，而是需要充分整合已有算力资源，满足日益增长的人工智能计算需求，统筹规划算力资源布局，逐步提升多元计算能力，为科学研究和科技创新提供高效、充足、绿色的算力支撑。其中，基础算力主要为网上交流、电子商务、网络游戏等生活娱乐提供简单的算力服务；智能算力用于支撑音频、图像、视频处理等人工智能训练，为产业发展赋能，提升传统产业的生产效率，并将算力资源开放给企业、科研机构和高校，解决算力资源供给短缺和价格昂贵的问题；超算算力主要为科学研究服务，能够为国家重大科技创新和科学实验提供强大的算力支撑，解决大系统、大工程、大科学的计算问题。目前，我国已经投入运营和在建的人工智能计算中心达到 40 个，其中 25 个人工智能计算中心位于京津冀、长三角、珠三角等东部发达地区，在中部、西部和东北地区较少，已经投入运营和在建的人工智能计算中心分别为 7 个、5 个和 3 个。随着超算中心体系的建设与发展，市场上已经出现了许多为企业、科研机构和高校提供云计算服务的市场主体，通过高效调度和算力资源整合，解决算力资源供给不足、使用成本过高等问题，为国家科技创新和产业发展提供强有力的算力支撑。

"东数西算"工程各个枢纽集群政策指引如表 2 所示。

表 2 "东数西算"工程各个枢纽集群政策指引

枢纽	集群	起步区	政策要求	政策指引
京津冀枢纽	张家口数据中心集群	张家口市怀来县、张北县、宣化区	数据中心平均上架率不低于65%，数据中心电能利用效率指标控制在1.25以内	抓紧优化算力布局，积极承接北京等地实时性算力需求，引导温冷业务向西部迁移，构建辐射华北、东北乃至全国的实时性算力中心
长三角枢纽	芜湖数据中心集群	芜湖市鸠江区、弋江区、无为市		抓紧优化算力布局，积极承接长三角中心城市实时性算力需求，引导温冷业务向西部迁移，构建长三角地区算力资源"一体协同、辐射全域"的发展格局
	长三角生态绿色一体化发展示范区集群	上海市青浦区、苏州市吴江区、嘉兴市嘉善县		
粤港澳大湾区枢纽	韶关数据中心集群	韶关市高新区		抓紧优化算力布局，积极承接广州、深圳等地实时性算力需求，引导温冷业务向西部迁移，构建辐射华南乃至全国的实时性算力中心
成渝枢纽	重庆数据中心集群	两江新区水土新城、西部（重庆）科学城璧山片区、重庆经济技术开发区		抓紧优化算力布局，平衡好城市与城市周边的算力资源部署，做好与"东数西算"衔接
	天府数据中心集群	成都市双流区、郫都区、简阳市		

续表

枢纽	集群	起步区	政策要求	政策指引
贵州枢纽	贵安数据中心集群	贵安新区贵安电子信息产业园	数据中心平均上架率不低于65%，数据中心电能利用效率控制在1.2以下	抓紧优化存量，提升资源利用效率，以支持长三角、粤港澳大湾区等为主，积极承接东部地区算力需求
甘肃枢纽	庆阳数据中心集群	庆阳西峰数据信息产业聚集区		要尊重市场规律、注重发展质量，打造以绿色、集约、安全为特色的数据中心集群，重点服务京津冀、长三角、粤港澳大湾区等区域的算力需求
宁夏枢纽	中卫数据中心集群	中卫工业园西部云基地		要充分发挥区域可再生能源富集的优势，积极承接东部算力需求，引导数据中心走高效、清洁、集约、循环的绿色发展道路
内蒙古枢纽	和林格尔数据中心集群	和林格尔新区、集宁大数据产业园		充分发挥集群与京津冀毗邻的区位优势，为京津冀高实时性算力需求提供支援，为长三角等区域提供非实时算力保障

资料来源：国家发展和改革委员会网站。

第三节 "东数西算"工程面临的问题

"东数西算"工程是国家重大基础设施战略布局，具有较大的投资驱动力和产业带动力，受到各级政府和产业界的广泛欢迎。工程启动以来，互联网企业、电信运营商、数据服务商等市场主体积极响应，纷纷加强算力中心布局，算力集聚效应初步显现。但在取得阶段性成绩的同时，在建设基础、资金投入、高端人才、产业配套、数据安全等方面仍然面临诸多难题。

1. 新型基础设施建设滞后

新型基础设施是以新发展理念为指导，以技术创新为驱动，以信息网络为基础，面向高质量发展需要，提供数字转型、智能升级、融合创新等服务的基础设施体系，主要包括5G、互联网、云计算、区块链、物联网、工业互联网等，具有创新性、系统性、基础性、动态性特征，是决定"东数西算"工程成败的基础。近年来，西部地区持续加大5G基站、大数据中心、工业互联网等新型基础设施建设，形成了完善的配套体系，但相对于东部沿海地区和数字经济发展需求而言，产业配套体系仍需进一步加强。比如，中国信息通信研究院发布的《全国移动网络质量监测报告》第 3 期显示，2023 年第一季度，西部地区 5G 网络平均下行接入速率[注]为 344.51Mbit/s，低于 348.31Mbit/s 的全国平均水平。

2. 资金投入面临巨大缺口

在"东数西算"工程建设初期，由于西部地区缺乏完善的基础设施和产业配套，企业投资的积极性不高，这就需要政府在政策、资金、环境等方面加大支持力度，从而引导和带动互联网企业、电信运营商等市场主体投资。但是，目前中西部地区的财政压力较大，全国 31 个省、自治区和直辖市中仅有福建、上海、北京、广东、天津、浙江、江苏等 7 个东部地区财政自给率在 60%以上。四川、内蒙古、重庆、甘肃、宁夏、贵州等 6 省区的财政缺口较大，2022 年财政收支差额分别达到 7033 亿元、3061 亿元、2079 亿元、3356 亿元、1123 亿元和 3063 亿元。因此，"东数西算"工程实施面临较大的资金压力，需要在积极争取中央和省级财政支持的基础上，创新资金投入模式，为数据中心集群产业发展营造良好的环境和氛围，引导广大电信企业、互联网企业等社会资本参与。

3. 高端技术人才严重缺乏

人口是一切经济社会活动的基础，人才更是经济社会发展的第一资源。"东数西算"工程的实施对高端人才的需求较大，需要大量的信息网络、智能运维、云计算服务等方面的人才，而且是硕士及以上的专业技术人才。但是西部地区受经济发展水平、产业发展环境以及配套环境设施的限制，许多"码农"不愿意前往西部偏远地区工作。根据智联招聘的数据，得益于雄厚的经济基础和较高的战略定位，北京、上海、深圳、广州、杭州等东部城市的人才吸引力较强，京津冀、长三角和珠三角地区人才不断集聚，而中部、西部和东北地区处于人才"净流出"状态。因此，我国高端互联网人才、

注：下行接入速率指用户采用移动终端通过 5G、4G 网络从专用测速服务器端下载文件，在规定时间内下载总数据量（通常以应用层统计为准）与下载时长之比（以 Mbit/s 为单位）。

知名互联网企业大都集中在人才竞争力较强的北京、上海、深圳、杭州等东部城市，即便是腾讯、百度等知名互联网企业在甘肃、贵州、宁夏、内蒙古等地的数据中心也很难招到合适的人才。

4．产业配套体系尚待优化

国内外产业发展的实践证明，任何地区、任何产业都不可能孤立发展，需要有发达完善的产业配套体系作支撑。数字产业化、产业数字化、数字化治理是数字经济的重要组成部分，需要以海量数据资源和丰富应用场景为基础，这也是广大互联网企业之所以聚集在东部沿海发达地区的重要原因之一。但是，目前西部地区基础设施落后、产业基础薄弱、配套能力不足，难以为数据中心产业发展提供有力支撑。比如，以产业体系较为完善的浙江省和数据中心建设起步较早的贵州省为例，2022 年，两省工业增加值分别为 2.89 万亿元和 5493.1 亿元，两者相差 4.26 倍。再如，软件和信息技术服务是数据中心的重要组成部分，也是"东数西算"工程有序运营的重要支撑。2023 年，东部、中部、西部和东北地区分别完成软件业务收入 100783 亿元、6965 亿元、12626 亿元和 2884 亿元，软件业务收入在全国总收入中的占比分别为 81.8%、5.7%、10.2% 和 2.3%，而且 4 个地区中仅西部地区的增速低于全国平均水平，比全国平均水平低 6 个百分点。因此，许多西部地区的数据中心难以在本地找到合适的应用场景，只能发挥其绿色能源充足、土地价格便宜等优势为东部地区提供数据存储和算力支撑服务。

5．重建轻用问题较为突出

现阶段，我国算力数据中心建设规模大、增长速度快，但"重建轻用""建多用少"的现象较为突出，数据中心资源闲置问题较为严重。一方面，数据中心整体上架率不高。近年来，随着数字经济的快速发展，数据存储需求不断增加，我国数据中心的上架率不断提升。《2022—2023 年中国 IDC 行业发展研究报告》显示，2021 年我国数据中心平均上架率不到 50%，2022 年平均上架率达到了 58% 左右，距离

"65%"的平均上架率要求还有一定差距。另一方面，数据中心上架水平区域差距较大。目前，东部沿海地区产业基础较好，数据存储、计算需求较大，数据中心平均上架率相对较高。中国信息通信研究院发布的《数据中心白皮书（2022年）》显示，万国数据、世纪互联、秦淮数据等第三方IDC和云服务龙头企业数据中心集中于东部沿海地区，并通过自建、租用方式向一线城市周边、中西部地区不断拓展。目前，京津冀、粤港澳大湾区、长三角地区平均上架率分别为68.4%、66.8%和62.5%，而许多西部地区数据中心平均上架率不到30%。

6．数据安全风险亟待强化

安全是发展的前提，发展是安全的保障。"东数西算"工程总体包含8个算力枢纽节点和10个数据中心集群，节点之间协同联动，结成网络一体化、能源一体化、算力一体化、数据一体化、应用一体化的一张大网。在庞大且纵横交错的网络中，各环节面临巨大的网络安全和数据安全风险，一旦某个环节出了问题，就可能会给数字经济运行乃至国家安全带来安全隐患。目前，"东数西算"工程主要面临三个方面的数据安全风险。一是数据中心集群风险。"东数西算"工程的8个算力枢纽节点和10个数据中心集群是国家重大基础设施，蕴含着丰富的算力和海量数据，一旦受到战争袭击、自然灾害或成为黑客攻击对象，我国数据和算力资源就将面临重大风险。二是云网一体化风险。云网融合能够有效提升算力水平，但也面临着DDoS攻击、流量劫持攻击、网络窃听、未授权访问等风险。三是数据管理风险。海量数据资源存储在一定的物理空间，如果管理不规范、技术防范措施不到位，很可能出现数据中心管理员、技术员、操作员等工作人员盗窃数据，并造成信息泄露、个人隐私被侵犯、数据滥用以及数据勒索等风险。

第四节　"东数西算"工程面临的挑战

"东数西算"工程是数字经济时代国家在算力资源配置领域的战略部署，目的是提升国家整体算力水平、促进绿色低碳发展、扩大

第一章 "东数西算"工程的宏观背景

有效投资规模、推动区域协调发展、促进数字技术创新和支撑国家科技攻关，这就对数据中心的存储基础、能耗水平、运维技术、算力配置等指标提出了巨大挑战。

1. 如何实现数据中心弹性扩容

国家发展和改革委员会等部门明确提出了数据中心集群起步区的建设目标，即数据中心平均上架率不低于65%，而且要求数据中心建设要"最小化起步，避免资源浪费"。数据中心需要承接千行百业的丰富应用，这些应用对存储的需求各不相同。随着数据规模的扩张、存储类型的改变以及应用场景的拓展，为避免资源浪费和重复投资，要求数据中心能够面向不同用户场景，满足多元业务和多种类型的数据存储需要，而且能够随时实现弹性扩容，这是"东数西算"工程面临的一大挑战。在这方面，浪潮已经推出了业界首个融合"块、文件、对象、大数据多种数据服务"的分布式存储平台。通过扩展节点增加容量及性能，单一集群最高支持5120个节点横向扩展，单一命名空间支持EB级容量；通过在一个数据中心内部署多个集群，可以构建ZB级数据空间，从而为"东数西算"工程提供重要基础设施支撑。该平台基于极简架构，能够和Cinder（块接口）、Manila（文件接口）、Swift/S3（对象接口）以及CSI（容器接口）对接，并支持HDFS Plugin（大数据插件），实现一套存储架构支撑一个数据中心业务，提高了数据共享效率，而且所有设备实现了统一管理，进一步提高了设备维护和管理效率。

2. 如何实现数据中心绿色运行

数据中心是能耗大户，目前全球数据中心耗电量大约占据全球每年总用电量的2%～3%，电费在数据中心运营成本中的占比超过了50%。根据国家能源局的测算数据，我国数据中心总耗电量已经连续9年以超过12%的速度增长，占社会总用电量的比例大幅提升。2021年，国家发展和改革委员会、中央网络安全和信息化委员会办公室、工业和信息化部、国家能源局四部门印发《贯彻落实碳达峰

碳中和目标要求 推动数据中心和5G等新型基础设施绿色高质量发展实施方案》，明确要求到2025年，全国新建大型、超大型数据中心平均电能利用效率降到1.3以下，国家枢纽节点进一步降到1.25以下，绿色低碳等级达到4A级以上；西部数据中心利用率由30%提高到50%以上，东西部算力供需更为均衡。近年来，在政策要求和技术进步的共同作用下，我国大型和超大型数据中心的电能利用效率（PUE）总体呈下降趋势。根据中国智能计算产业联盟发布的《东数西算下新型算力基础设施发展白皮书》，2021年，全国数据中心平均PUE为1.49；部分互联网公司采用服务器全浸没液冷等多项节能技术，PUE最低可达1.09；而贵州、宁夏等地部分利用全自然风冷技术的数据中心的PUE可达到更低水平。在"双碳"目标的引导和要求下，"少耗能、耗新能"是未来数据中心发展的必然要求，推动数据中心节能减排势在必行。如何切实提高电能利用效率、实现数据中心绿色运行，成为"东数西算"工程建设和运营必须面对的问题。

3. 如何实现数据中心远程操作

近年来，随着数据中心设备更新换代速度、软件系统迭代升级速度的加快，数据中心运维工作日益复杂精细，对运维人员的能力、素质也提出了更高要求。但是，受经济发展水平和产业环境的影响，西部地区的数据管理人才数量不足、质量不高，难以满足数据中心管理运营的要求。要解决数据中心管理运维人才不足的问题，除加强人才引进、培育人才队伍外，利用"东数西算"工程构建的高速网络和远程运维技术对数据中心进行远程操作和智能运维就成为解决西部地区数据中心高端人才不足问题的有效手段。如何利用大数据和人工智能等新一代信息技术，构建能够实现远程监测和远程运维的数据平台，使得远程运维人员可以通过网络应用监控系统、网络设备监控系统、机房环境监控系统等辅助现场运维人员管理数据中心，以技术创新来化解运维难题，是"东数西算"工程要面临的挑战之一。

4. 如何实现算力的分布式使用

一般来讲，要突破数据中心算力水平的限制有两条路径，一条是扩大增量，即新建、扩建一批数据中心；另一条是优化存量，即通过改善网络连接或者技术创新实现算力资源的优化。作为全球制造业大国和"基建狂魔"，在现有的技术条件下，通过实施"东数西算"工程，在西部地区新建、扩建一批算力中心，扩大算力资源总量并不难。难的是如何通过算力的无缝分布式使用，实现数据中心内部资源的集中部署与管理，满足算力一体化需求。目前，业界还没有成熟可靠的解决方案。众所周知，数据是算力的基础，算力的流动首先应以数据的高效流动为基础，这就需要加快建立有利于促进数据要素流动和价值转化的制度体系。技术方面，可以借鉴数据中心网络、广域和分布式文件系统的技术经验，融合新型存储介质与体系架构，推动新一代分布式数据访问协议、存储系统和基础软件（分布式数据库、分布式文件系统）的演进。政策方面，可以借鉴证券交易所、期货交易所等模式，加快完善数据要素基础制度，培育数据交易平台，探索数据资产登记、评估、定价、交易等增值服务，推动数据资产的交易流通和价值转化，从而为提升算力水平提供支撑。

5. 如何解决数据中心分流问题

在"东数西算"工程实施之前，我国已经开始在西部地区规划布局数据中心。贵州、内蒙古、宁夏等地积极推进数据中心建设，成为当前"东数西算"工程8个国家算力枢纽节点中部分节点的雏形，是"东数西算"工程实施前的重要探索。从探索情况来看，西部地区数据中心分流效果不理想，其中京津冀、长三角、粤港澳大湾区等东部地区数据中心处于饱和状态，而内蒙古、贵州、宁夏、甘肃等西部地区数据中心资源充足但平均上架率偏低，数据存储和计算压力分流效果不甚理想。根据《全国数据中心应用发展指引（2020）》数据，全国数据中心总体平均上架率为53.2%，一线城市和周边城市数据中心的利用率为 70%～80%，达到了 65%的目标，而中西部超大型数据中心的整体利用率为 30%～50%。在这样的情况下，如何解决数据中心分流问题，引导东部地区和一线城市的数据转移到西部地区存储、计算和训练，提高西部地区数据中心利用率，成为"东数西算"工程必须要面临的问题。

6．如何解决算力交付方式困境

在云服务中，算力作为一种 IaaS 资源被使用与管理。但是，单一的云平台调度会受区域的限制，过大的管理调度距离将会影响云业务交付的服务质量。目前，云业务交付主要包括资源交付和云服务交付。前者需要构建一体化的资源管理平台，实现起来相对容易；后者需要统一的云服务平台，引入更多的服务因素，难度较大。近两年，我国已经启动了"国家高性能计算环境的领域应用平台及服务体系"项目，推动建设连接无锡、广州、北京、天津、深圳、长沙、青岛等地多个国家级超算中心的高速网络，集成与研发跨超算资源管理环境、共性应用函数库与工具软件，建立复杂力学体系与量子物理体系、生物与材料、环境治理与灾害防治三个重点领域的应用资源集成与服务集成，探索跨中心的超算社区运行机制、快速响应与协同机制。但项目实施还面临着技术和制度层面的挑战，一方面，在不同计算架构之间进行部署亟须实现技术突破；另一方面，算力本身存在着位置分散、能力各异和动态变化的特征，导致算力度量困难，从而影响构建算力使用的结算体系，不利于算力的调度和使用。因此，做好算力感知、算力建模以及算力评估刻不容缓。面向算力网络、数据存储等算力资源，需要对各类算力资源的状态、动态性及分布进行分析、度量和建模，实现基于干扰分析的算力资源评估，为算力资源发现、交易、调度提供依据。

为应对各种各样的内外部挑战，数据中心建设要统筹谋划、超前布局，确保能够满足技术进步、产业发展、节能减碳等方面的目标要求。一是推动全国数据中心适度集聚、集约发展。通过在全国布局 8 个算力枢纽节点，引导大型、超大型数据中心向枢纽内集聚，

第一章 "东数西算"工程的宏观背景

形成数据中心集群。发挥规模化、集约化效应，加大政策支持力度，提升整体算力规模和能源利用效率，带动数据中心相关上下游产业发展。在算力枢纽节点之间，打通数据高速传输网络，强化云网融合、多云协同，促进东西部算力高效互补和协同联动，加快实现全国数据中心的合理布局、优化供需、绿色集约和互联互通。二是促进数据中心由东向西梯次布局、统筹发展。要加快推动数据中心向西大规模布局，特别是后台加工、离线分析、存储备份等对网络要求不高的业务，可率先向西转移，由西部地区的数据中心承接。同时，受限于网络长距离传输造成的时延以及相关配套设施等因素影响，西部数据中心并不能满足所有算力需求。因此，一些对网络要求较高的业务，如工业互联网、金融证券、灾害预警、远程医疗、视频通话、人工智能推理等，可布局在京津冀、长三角、粤港澳大湾区等东部枢纽，枢纽内部要重点推动数据中心从一线城市向周边转移，确保算力部署与土地、用能、水、电力等资源的协调可持续。三是实现数据中心建设循序渐进、快速迭代。为坚决避免数据中心盲目发展，在当前起步阶段，国家规划的 8 个算力枢纽节点和 10 个数据中心集群，明确了重点发展区域，提出了绿色节能、产能利用等发展目标。比如，集群内数据中心的平均上架率至少要达到 65% 以上，可再生能源使用率要有显著提升等。通过多方指标约束，促进集群高标准、严要求，最小化起步，并对集群发展情况进行动态监测，科学评估集群算力的发展水平与饱和程度，然后结合发展情况不断优化完善布局，适时扩大集群边界或增加集群，论证新设算力枢纽，实现算力统筹有序、健康发展。

第二章
"东数西算"工程的投资机遇

"东数西算"工程将进一步提升我国信息基础设施水平,补齐众多领域技术短板,带动相关产业投资和高质量发展。"东数西算"工程的投资规模或将超过"南水北调""西气东输""西电东送"等战略工程,投资主体可能涉及各级政府、国有企业、电信运营商、互联网企业、大数据服务商等。其中,政府投资主要以国有企业或国有投资平台的形式出现,负责数据中心的园区基础设施建设;国有企业、电信运营商主要负责智能电网、信息网络、算力网络等新型基础设施建设;互联网平台企业主要参与应用环节的技术研发、平台构建、产业投资以及算力服务;大数据服务商主要依托强大的算力支撑提供数据相关产品和服务。

第一节 投资规模

"东数西算"工程作为国家数字经济领域的重大基础设施,是数字经济时代的"南水北调""西电东送""西气东输"工程,具有投资规模大、涉及范围广、项目周期长等特点。目前,"东数西算"工程的投资机遇主要来自数据中心建设以及带动的数据中心产业链发展,因此其投资可分为基建投资和产业投资两部分。

1. 基建投资

"东数西算"工程将直接推动基础设施建设投资,主要包括 IT 设备制造、信息通信、基础软件开发、绿色能源供给等数据中心基础设施，算力网络及园区配套土建工程。2023年，我国数据中心的规模已经达到810万架标准机架。目前，每架标准机架建成大约需要投资20万元，按照数据中心标准机架数量以每年20%的增长速度进行保守估计，未来几年我国数据中心每年新增直接投资至少将达到3000亿元；如果算力网络及园区配套土建工程的建设投资与标准机架的投资按照1∶1的比例，意味着"东数西算"工程每年或将直接带动的新型基础设施建设投资大约为6000亿元。

2．产业投资

"东数西算"工程具有产业链条长、覆盖门类广、带动效应大等特点，数据中心建成后将直接带动绿色节能技术、算力网络技术、智能运维技术、云计算技术、数据中心技术等新兴数字技术的创新与应用，促进云计算、大数据、区块链、人工智能、物联网等数字产业发展，推动数字金融、数据交易、智慧城市、元宇宙等高附加值数字服务业实现集聚发展，从而围绕数据中心产业链形成巨大的投资带动效应。业界普遍认为，"东数西算"工程对相关产业的拉动杠杆效应大约为1∶8，也就是说，通过规划建设8个国家算力枢纽节点和10个国家数据中心集群，将有力带动产业链上下游的投资，每年拉动的产业规模或将达到4.8万亿元，最终围绕数据中心形成若干具有国际竞争力的数字产业集群。

第二节　投资进度

"南水北调"工程的最初设想起源于20世纪50年代，"西电东送"工程最早在1986年就提出设想，"西气东输"工程则在1998年开始酝酿，这三个国家重大战略工程从谋划到实施都经历了数十年的时间跨度，而且彻底改变了我国的能源资源布局，为推动我国国民经济持续、快速、健康发展打下了坚实基础。考虑到我国基建能力、数字产业发展水平以及数字技术发展特点，"东数西算"工程的投资建设周期可能要比上述国家重大战略工程大大压缩，但要从规划到建设,再到形成带动效应,初步估计将持续十年以上。按照数据中心的规划建设进度与数字产业的创新发展速度,可以将"东数西算"工程的投资进度划分为基础设施建设、配套功能完善、应用创新爆发和产业生态培育四个阶段。

1. 基础设施建设阶段

未来 2 年内,也就是在"十四五"期间,"东数西算"工程的主要任务是加强基础设施建设,重点是加快西部地区数据中心建设,提升数据中心之间的信息网络连接水平。一方面,要加强西部地区数据中心基础设施建设,提升西部地区数据中心存储能力和算力水平;另一方面,要加强数据中心之间的信息网络建设,打通东西部地区数据直连通道,打造若干"东数西算"工程示范通道,提升国家数据中心集群的网络节点等级,提升网络传输效率和质量。这一阶段的投资内容主要集中在信息网络基础设施建设上,包括数据中心建设、信息网络建设等,以及由此带动的园区配套设施建设。这一阶段的投资需求较大,投资主体来自地方政府、电信运营商和云厂商,其中地方政府主要负责数据中心配套的基础设施建设,中国移动、中国联通、中国电信等电信运营商主要负责信息网络基础设施建设,百度、阿里巴巴、腾讯、华为等云厂商主要负责数据中心内容建设。

2. 配套功能完善阶段

2026—2030 年,伴随着数据存储、传输、分析量的增加,能源需求也将逐渐上升,这一阶段的主要任务是优化能源区域布局,加强智能电网建设和绿色能源开发,为数据中心提供充足、稳定、绿色的能源供给。一是加强各地数据中心能源一体化设计,通过智能技术提升电力资源调度能力,不断提升数据中心能源供给效率,降低能源使用成本。二是优先支持数据中心集群配套可再生能源电站,在西部地区加快布局一批风电、太阳能、水电等可再生能源发电项目并推动可再生能源并网,提升绿色能源供给能力。三是加强数据

第二章 "东数西算"工程的投资机遇

中心灵活微电网建设,加强储能技术、液冷技术、柔性输电技术等的研发创新,建立更加稳定的能源供给系统。这一阶段的投资主体逐渐转变为电力企业、园区和云厂商,其中电力企业主要负责能源总量供给并协调发电企业加强绿色能源开发,园区主要负责人才引进、园区运营等软环境建设及完善配套生活设施,云厂商可以提前加强云平台开发和云计算产业发展方面的投资布局。

3. 应用创新爆发阶段

2031—2035 年,伴随着数据中心、信息网络及配套基础设施的不断完善,经济社会各领域的数字化水平将提升一个台阶,电子商务、电子政务、远程医疗、车联网、人工智能等领域将快速发展,数据资源规模将出现爆发式增长,并催生各种应用的创新。这个阶段的主要任务,一方面是加大技术创新供给,鼓励数据中心加强节能降碳、可再生能源供给、异构算力融合、云网融合、多云调度、数据安全流通等技术的创新。另一方面是加强商业模式创新,加强对关键技术产品的研发支持和规模化应用,逐步打造数字技术创新应用生态,推动形成一批数字经济新业态、新模式。这一阶段主要由以三大电信运营商、电力企业等国有企业为主,逐渐转变为以云厂商为主,为广大企业尤其是广大中小微企业提供数据存储、数据计算等增值服务,帮助企业数字化转型。

4. 产业生态培育阶段

2035 年以后,数据中心建设和产业化应用逐步成熟,这一阶段的主要任务是完善数字产业发展生态,支持数据中心产业体系建设。一是围绕数据中心就地就近发展设备制造、数据标注、数据存储、数据加工、数据清洗及生活配套等劳动密集型产业,在全国形成若干能够带动经济创新发展的新增长极,打造较为成熟的数字产业集群。二是围绕数据资产登记、确权授权、资产评估、资产定价、流通交易等的数据流通体系将逐渐完善,并经过市场竞争和整合在全国形成 2 到 3 家具有国际影响力的数据交易平台。三是数字经济与实体经济将进一步深度融合，数据将充分发挥其作为一种新型生产要素的作用，促进产业发展、社会治理等各方面水平的提升。这一阶段的投资主体将逐渐由云厂商转变为下游的上云用云企业，而且随着用户主体数量的增加，投资规模或许将出现井喷之势，新兴商业模式将不断涌现。

第三节 重点领域

数字经济是以数据为关键要素，以互联网、移动互联网为主要载体，以信息通信技术融合应用、全要素数字化转型为重要推动力，促进公平与效率更加统一的经济形态，涉及数据要素生产、流通和消费的全过程，可以划分为数字产业化、产业数字化、数字化治理和数据价值化四个部分。"东数西算"工程是面向数字经济时代的战略工程，符合产业发展规律，顺应技术创新趋势，将通过构建数据中心、云平台、算力中心形成新型算力网络，推动产业转型升级和结构优化调整，从而促进经济社会各领域实现高质量发展。

1. 数字产业化

数字产业化是指为数字化转型提供数字技术、产品、服务、基础设施和解决方案，以及完全依赖于数字技术、数据要素的各类经济活动。数字产业化既包括数字基础设施、人工智能、大数据、云计算、区块链、网络安全等新兴产业，也包括电子信息制造、信息通信、软件和信息技术服务等传统信息产业提升带来的增值，是扩大增量。数字产业化是数字经济增长的核心引擎，是传统产业转型升级和经济高质量发展的必由之路，是抢占国际竞争新优势的必然选择。"东数西算"工程将通过需求拉动和应用牵引，带动计算机设备制造、软件开发、芯片设计与制造、数据交易流通、数据增值服务、网络安全、数据安全等相关领域的技术创新和产业发展，围绕数据中心打造一批具有国际竞争力的数字产业集群。

2．产业数字化

产业数字化是指应用数字技术和数据资源为传统产业带来产出增加和效率提升，是数字技术与实体经济的深度融合。产业数字化涵盖智慧农业、智能制造、智能交通、智慧物流、数字商贸、数字金融、数字政府、数字社会、远程医疗、智慧矿山等数字化应用场景，体现了数字技术与经济社会各领域的深度渗透和广泛融合，是优化存量。产业数字化是数字生产力与经济发展新动能的重要来源，是深化供给侧结构性改革、推动高质量发展的重要手段。"东数西算"工程的实施，将进一步完善数字基础设施，深入推进数字技术与实体经济的深度融合，围绕数据中心、云平台和算力网络建设若干具有国际水准的工业互联网平台和数字化转型促进中心，推动农业、制造业和服务业数字化转型，培育数字经济新产业、新业态、新模式，打造一批具有国际竞争力的先进制造业集群。

3．数字化治理

数字化治理通常指推动互联网、大数据、云计算、人工智能、物联网等数字技术在社会治理等领域的应用，创新社会治理方法和治理手段，优化社会治理模式，推进社会治理科学化、精细化、高效化，助力治理体系和治理能力现代化。数字化治理利用数字技术改善治理模式、创新治理手段、完善治理体系，提升综合治理和服务能力，实现公共决策、政策执行、服务监管等体制更加优化。推动数字化治理是政府治理现代化、精细化、科学决策和主动服务的重要手段，是推进国家治理体系和治理能力现代化的重要支撑。"东数西算"工程的建设和运营将为数字化治理提供完善的信息网络和算力支撑，从而促进云计算、大数据、区块链、元宇宙等数字技术在社会治理中的应用，带动数字政府、智慧城市、数字乡村、企业管理等领域的高水平建设和高质量发展，加速社会治理的数字化转型进程。

4．数据价值化

数据价值化，即数据要素价值化，是指以数据资源化为起点，经历数据资产化、数据资本化阶段，实现和拓展数据价值的经济过程。数据价值涉及数据采集、数据确权、数据标注、数据资产评估、数据资产定价、数据交易流通、数据安全等环节。推动数据要素价值化是激发数据要素潜能、发挥数据要素价值、推动经济高质量发展的重要途径，对推动治理体系和治理能力现代化、满足人民群众美好生活需要具有十分重要的作用。"东数西算"工程的实施，将为数据要素市场建设提供基础设施和安全保障，推动数据资产评估、登记结算、交易撮合、争议仲裁等市场运营体系建设，完善数据确权、定价、交易流通、安全保障等数据基础制度，从而更好地促进数据要素价值的发挥。

第四节 重点区域

"东数西算"工程将给8个国家算力枢纽节点和10个国家数据中心集群带来巨大的发展机遇。各地可以围绕上述数据中心发展配套产业，提供增值服务，共同打造数据中心产业集群，引领带动我国数字经济持续健康发展。

1．东部地区

东部地区拥有产业基础较好、应用场景丰富、信息网络发达、人才资源丰富等优势，具备发展工业互联网、金融证券、人工智能等资本技术密集型业务的产业基础条件。重点业务方面，东部地区要充分发挥丰富应用场景、海量数据资源和强大算力规模等优势，促进数字技术与实体经济深度融合，大力发展工业互联网、金融证券、灾害预警、远程医疗、视频通话、人工智能推理、数据交易等网络要求较高业务。重点区域方面，京津冀地区要围绕北京、天津及周边的廊坊、石家庄、张家口等重点城市，长三角地区要围绕上海、杭州、宁波、南京、苏州、无锡、合肥、芜湖等重点城市，粤港澳大湾区要围绕广州、深圳、佛山、东莞、珠海及香港、澳门等重点城市，打造若干具有国际影响力的数字产业集群。

——长三角生态绿色一体化发展示范区集群。简称长三角集群，由长三角枢纽规划设立，起步区为上海市青浦区、江苏省苏州市吴江区和浙江省嘉兴市嘉善县，重点是加强长三角地区的算力服务、数据流通、数据应用、安全保障，引导长三角地区算力基础设施集约化、规模化、绿色化发展。目前，"长三角"三省一市已经达成共识，共同建设全国一体化算力网络长三角国家枢纽节点，发展高密度、高能效、低碳数据中心集群，积极承接长三角中心城市实时性算力需求。未来，长三角集群将深化区域合作，强化集群与算力网络体系的协同，探索打造多种网络试验线，优化集群和长三角主要城市之间的高速数据传输网络，推动构建多层联动的算力网络体系；推进技术创新，发挥国家集成电路创新中心、国家智能传感器创新中心等国家制造业创新中心功能，共建长三角"感存算一体化"超级中试中心，聚焦集成电路、智能传感器领域关键技术协同研发突破；提升产业安全水平，推动自主可控计算产业集聚发展，建立数据中心上下游产业链关键核心技术（产品）协同攻关清单，联合开展技术攻关和产业化应用，共同解决关键核心技术难题；积极融入国家算力网络调度机制，争取试点建设长三角区域内算力网络调度体系，鼓励地方政府、行业组织、龙头企业打造跨省级、行业级、企业级算力调度平台，逐步实现分钟级高效调度；围绕通用人工智能大模型等新兴需求，鼓励超前布局超算智算基础设施，促进与周边城市算力协同调度，支持"长三角"地区有条件的地市积极融入"东数西算"工程。

——芜湖数据中心集群。芜湖数据中心集群由长三角枢纽规划设立，起步区为芜湖市鸠江区、弋江区和无为市，重点承接长三角中心城市实时性算力需求，引导温冷业务向西部迁移，构建长三角地区算力资源"一体协同、辐射全域"的发展格局。按照构建全国一体化算力网络协同创新体系的统一部署和《安徽省智能算力基础设施建设方案（2023—2025年）》《推进长三角枢纽节点芜湖数据中心集群建设的若干举措》等相关政策，到2027年，芜湖数据中心集群及关联产业产值突破1000亿元,聚力打造全国一体化算力网络长三角双核节点、中部地区核心节点和国家级数字经济创新发展试验区。目前,芜湖数据中心集群星载科技大数据中心、润六尺智算中心、天地通芜湖高速网络传输等项目已经投入运营,华为、首都在线、中科曙光等一批重大数据中心项目启动建设,落地数据中心项目12个,总投资额超过2550亿元。未来,芜湖数据中心集群将着力引进和培育具有全球影响力的龙头企业、数据中心产业链专精特新企业和面向未来的数字经济创新型企业,建设成为连接成渝节点和全国"东数西算"的重要通道,打造长三角地区存算供给中心,从而培育推广一批带动性强、示范效应明显的应用场景,为广大企业提供更多精细化、个性化的算力服务和算力产品,助力企业更好更快发展。

——**张家口数据中心集群**。张家口数据中心集群,由京津冀枢纽规划设立,起步区为张家口市怀来县、张北县、宣化区,重点承接北京等地实时性算力需求,引导温冷业务向西部迁移,构建辐射华北、东北乃至全国的实时性算力中心。河北省政府制定出台《张家口数据中心集群建设方案》,其中明确提出以建设张家口数据中心集群为核心,构建辐射华北、东北乃至全国的实时性算力中心,打造大数据产业发展高地,为融入新发展格局、服务国家"东数西算"工程提供有力支撑。近年来,张家口市凭借独特的区位优势、丰富的绿电资源、完善的配套设施、强力的政策支持,抢抓京津冀协同发展、首都"两区"建设、可再生能源示范区建设等重大机遇,以超大规模绿色存储为切入点,不断推动数字产业化和产业数字化,积极打造超大规模算力中心集群,为2022年北京冬奥会、冬残奥会张家口赛区提供了信息共享、高清视频、智能天气等多项技术引领服务。目前,张家口数据中心集群初步形成规模,吸引了三大电信运营商、阿里巴巴、腾讯、秦淮等众多龙头企业纷纷落户,25个数据中心投入运营,投运服务器145万台,且算力规模持续扩大,预计到2025年,张家口投运服务器规模将达到400万台,将有力推动京津冀数字产业发展。未来，张家口数据中心集群将依托发展基础，放大比较优势，围绕全国一体化算力网络国家枢纽节点建设，以起步区为突破口，以经开区数字服务产业基地、怀来大数据产业基地、张北云计算基地等产业园为龙头，加快完善基础设施，加大招商引资力度，推进大数据产业开发应用，构建大数据全产业链生态体系，把大数据产业打造成推动创新发展、绿色发展、高质量发展的重要引擎，建成"中国数坝"。

——**韶关数据中心集群**。韶关数据中心集群由粤港澳大湾区枢纽设立，起步区为韶关市高新区，重点承接广州、深圳等地实时性算力需求，引导温冷业务向西部迁移，构建辐射华南乃至全国的实时性算力中心。根据《全国一体化算力网络粤港澳大湾区国家枢纽节点建设方案》，广东省将建设形成韶关数据中心集群、重点区域城市中心和边缘数据中心、西部地区国家枢纽节点等省外数据中心三个层次的空间布局，其中韶关数据中心集群提升网络级别至国家级骨干网络枢纽节点，引导全省大型、超大型（3000架以上）数据中心集聚。到2025年，韶关数据中心集群将依托区位优势、气候地理优势、能源优势、人才优势和网络优势，建成50万架标准机架、500万台服务器规模，投资超500亿元（不含服务器及软件），打造千亿级的电子信息和大数据产业集群。韶关数据中心集群规划面积约6277亩，分别分布在浈江区产业园、曲江区白土开发区和莞韶城，目前园区建设有序推进，已引进一批智能算力设施项目，奇安信、鹏城实验室等数据应用企业已陆续入驻，中国电信、中国移动、中国联通、中国广电等运营商以及万国数据、中电鹰硕、中瀚云、云下、德衡、中联等企业的12个数据中心项目启动建设，合计建设36.1万架标准机架，总投资超过500亿元。未来，韶关数据中心集群将以"头部优先、产业聚集、全产业链发展"为方向，进一步加大入驻企业支持力度，在企业经济贡献、数据人才培养、优质企业培育、高端人才引进、数字平台建设等方面给予资金支持和奖励，全面推进大数据智算产业链发展。

2. 西部地区

西部地区可再生能源、土地、劳动力等要素资源丰富，具有发展劳动密集型产业的优势，与东部地区在产业发展方面实现错位竞争、优势互补。重点业务方面，西部地区可以充分发挥西部大开发的战略机遇，依托 5 个国家算力枢纽节点、6 个国家数据中心集群以及 2 个国家级超算中心，优先发展数据标注、数据清洗、存储备份、后台加工、离线分析等对网络要求不高的业务。重点区域方面，要依托成都、重庆、贵阳、和林格尔、鄂尔多斯、乌兰察布、庆阳、中卫等重点城市的数据中心，发挥好数据中心对数字产业发展的促进作用和带动效应，促进数据要素与实体经济的深度融合，打造若干具有区域影响力的数据中心产业集群。

——**天府数据中心集群**。天府数据中心集群由成渝枢纽规划设立，以成都市双流区、郫都区和简阳市为起步区，以成都科学城超算产业集聚区、成都西部智算产业集聚区、成都东部云计算和边缘计算产业集聚区为主要载体。四川已出台《关于印发支持绿色低碳优势产业高质量发展若干政策》，其中明确提出对天府数据中心集群内新建大型、超大型数据中心，PUE 低于 1.25 的以奖代补方式一次性给予 2000 万元支持；制定了《全国一体化算力网络成渝国家枢纽节点（四川）实施方案》，其中提出以建设天府数据中心集群为重点，强化统筹布局和要素保障，加快算力设施建设，形成结构合理、供需匹配、绿色安全的全省数据中心一体化发展格局，积极服务省内外算力需求，以算引数、以数育产，加速数字产业化和产业数字化进程，加快打造具有全国影响力的数字经济发展高地。目前，天府数据中心集群已初具规模，已建、在建数据中心 36 万架标准机架，算力排名全球前十的国家超算成都中心、首批国家人工智能公共算力开放创新平台的成都智算中心建成投用，正全力打造超算、智算和云计算产业集聚区，为传统产业转型升级、新兴产业培育壮大提供多样化、实时性、高可靠的算力支撑，基本建成雅安、达州、宜宾、德阳等若干城市内部数据中心，为成都平原经济区及周边地

第二章 "东数西算"工程的投资机遇

区特色优势产业的数字化转型提供差异化算力服务，全省初步形成以天府数据中心集群为核心、城市数据中心为支撑、边缘数据中心为补充的一体化数据中心体系。未来，天府数据中心集群将充分发挥四川省在通信网络、清洁能源、产业基础等方面的比较优势，积极承担"东数""西算"双重任务，统筹平衡算力需求与数据资源，推动数据要素集聚流通，深化数据创新应用，主动承接省外算力需求转移，推动全省数字经济高质量发展。

——**重庆数据中心集群**。重庆数据中心集群由成渝枢纽规划设立，起步区为两江新区水土新城、西部（重庆）科学城璧山片区、重庆经济技术开发区。重庆按照国家发展和改革委员会等四部委批复要求，加快优化算力布局，联动周边城市算力资源，积极融入国家"东数西算"工程。一是高标准建设重庆数据中心集群，统筹数据中心空间布局，全力打造两江新区水土新城、西部（重庆）科学城璧山片区、重庆经济技术开发区等3个起步区，优先支持在起步区布局建设大型、超大型数据中心等基础设施。二是高要求推进数字基础设施绿色化、低碳化发展，出台《重庆市推动数据中心和5G等新型基础设施绿色高质量发展实施方案》，明确全市新建大型、超大型数据中心平均电能利用效率不高于1.25，绿色低碳等级达到4A级以上，从强化统筹布局、提升应用效能、加快绿色发展等方面引导数据中心高质量发展。三是高起点建设高性能算力设施，推进建设华为人工智能计算中心、中科曙光先进计算中心（重庆）、京东探索研究院超算中心等重点项目，加快构建高性能算力体系基础设施，全市累计形成200PFLOPS通用计算、51PFLOPS超级计算、892PFLOPS人工智能计算等多层次、全覆盖的算力供给能力，有力支撑汽车、电子、高校、高端装备等行业开展大规模算力服务。目前，重庆已经落地鲲鹏计算产业生态等重大项目，拥有跨境数据专用通道枢纽节点，建成全国首条、针对单一国家、点对点、面向"一带一路"国家和地区的中新国际数据专用通道，建成国家互联网骨干直联点；拥有工业互联网标识解析国家顶级节点，已接入二级节点 38 个，覆盖西部 10 省市 21 个垂直行业，累计标识注册总量达 149.6 亿，标识解析总量达 90 亿次。未来，重庆将探索开展国家（西部）算力调度，在对全市政务云网资源进行调配、监测的基础上，打造可实现异构算力资源的调度、交易、协同的算力服务平台。推动东西部地区协同联动。发挥东数西算产业联盟作用，强化东数西算产业联盟纽带，吸纳东西部更多企事业单位加入，持续增强合作交流，合作打造算力、算法、数据、场景等产业价值链，积极争取国家部委、全国性金融机构、互联网企业等来渝开展计算或存储业务。

——**贵安数据中心集群**。贵安数据中心集群由贵州枢纽规划设立，起步区为贵安新区贵安电子信息产业园，以支持长三角、粤港澳大湾区等为主，积极承接东部地区算力需求。按照贵州省《关于加快推进"东数西算"工程建设全国一体化算力网络国家（贵州）枢纽节点的实施意见》等政策文件，贵安数据中心集群将实施"算力集群攻坚行动"，加快做大做强数据中心集群，着力打造面向全国的算力保障基地，力争到 2025 年，贵安数据中心集群平均上架率不低于 65%，贵州全省数据中心标准机架达到 80 万架，服务器达到 400 万台。目前，贵安新区立足气候、电力、地形地貌等优势，以贵阳大数据科创城、马场产业新城、大学城为重点，规划建设了总面积 77.3 平方千米的数字经济产业集群，已建成中国电信、中国移动、中国联通、华为、腾讯、苹果等数据中心和云计算基地，累计完成投资超过 200 亿元，成为全球超大型数据中心聚集最多的地区之一，吸引了云上鲲鹏、浪潮服务器、宁德时代贵州新能源动力及储能电池生产制造基地、恒力（贵阳）产业园等一批重大项目纷纷入驻贵安，产业形态日趋多元。未来，贵安新区将围绕"算力、赋能、产业"三个关键，聚焦金融、国家部委、央企、互联网头部企业四个板块，持续推进数据中心、算力中心建设，加快建设数据训练基地，促进电子信息制造业、软件和信息技术服务业"一硬一软"两大产业发展，全力建设国家数字经济发展创新区。

第二章 "东数西算"工程的投资机遇

——和林格尔数据中心集群。和林格尔数据中心集群由内蒙古枢纽规划设立，起步区为和林格尔新区和集宁大数据产业园，重点为京津冀高实时性算力需求提供支援，为长三角等区域提供非实时算力保障。近年来，和林格尔新区认真落实自治区关于"率先建成自治区数字经济样板和高质量发展示范区"的部署要求，充分发挥算力底座规模优势和清洁能源优势，面向京津冀提供强实时算力需求，面向长三角地区提供近实时算力需求和快速在线业务，为粤港澳大湾区等地提供离线分析、后台加工和一般在线业务，全力打造国家"东数西算"绿色算力中心。目前，和林格尔数据中心集群已经集聚了中国移动、中国联通、中国电信三大电信运营商，中国银行、中国农业银行、中国建设银行等六大金融机构总行数据中心，以及国家气象局西部算力中心，华为等头部企业的数据中心、超算平台、智算中心等38个项目，累计完成固定资产投资近200亿元，数据中心机架总规模达到22万架标准机架，服务器装机能力达到150万台，超算中心算力达到140PFLOPS，智算中心算力达到11 EFLOPS。数据存储和算力规模进入全国8个算力枢纽节点和10个数据中心集群前列；先后引进了服务器制造、电控设备、生物制品、微生态制剂、氮化物、纳米碳化硅、跨境电商、智慧物流等37个项目。未来，和林格尔集群将围绕高质量建设"东数西算"绿色算力中心、自治区人才科创中心、首府城市副中心三个定位，聚焦算力、集成电路、临空经济、人力资源服务四条产业链，突出做大总量、强链补链、完善功能三项重点，强化招商引资、项目建设、改革创新三项举措，加快推进数据中心扩容提质，建设国家新型互联网交换中心、"多云"算力调度平台、国际通信出入口局、十大数据中心集群直联网络等项目，启动建设自治区大数据交易平台，积极引进大数据、人工智能科技平台。到"十四五"末，固定资产投资累计超千亿元，年营业收入超500亿元，数据中心标准机架数力争达到50万架，服务器装机能力达到300万台，超算中心算力规模达到 1000PFLOPS，智算中心算力规模达到 20 EFLOPS，建成呼包鄂乌—京津冀—长三角"2·5·20"时延圈；搭建数字平台 100 个，年营业收入达到 200 亿元；绿色算力规模进入全国 8 个算力枢纽节点和 10 个数据中心集群前列，建成全国绿色数据中心集聚度最高、特色最鲜明、具有重要影响力的功能区。

——**庆阳数据中心集群**。庆阳数据中心集群由甘肃枢纽设立，起步区为庆阳西峰数据信息产业聚集区，重点服务京津冀、长三角、粤港澳大湾区等区域的算力需求。近年来，甘肃省人民政府印发《关于支持全国一体化算力网络国家枢纽节点（甘肃）建设运营的若干措施》等政策文件，从要素供给、人才支撑、资金支持、服务保障、监管机制五方面，明确要求全省大型、超大型数据中心集中部署在庆阳数据中心集群，持续增强庆阳数字产业吸引力和竞争力。庆阳市全面启动实施"智算枢纽"1357 行动计划，以庆阳数据中心集群为核心，建设具有低价、绿色、精品特色的"一级算力资源"，搭建覆盖省内外、服务全国的算力资源调度"一张网"，打造"智算""智能""智产"三条支撑产业链，优化提升红色旅游、新型能源、医疗健康、智慧农业、智算智造行业"五类应用"，强化实施算力规模提升工程、直连链路联通工程、园区基础设施工程、算力资源调度工程、数据要素聚合工程、数字产业招商工程、要素服务保障工程"七大工程"，推动建成"十四五"末标准机架 30 万架、2030 年标准机架 80 万架算力的"西部绿算"基地，数字经济核心产业产值达到 1000 亿元。目前，庆阳集群规划建设了 1.7 万亩的国家数据中心集群（甘肃·庆阳）"东数西算"产业园区，逐步形成布局枢纽资源调度区、数字经济人才培养基地、综合配套区、智算区、智产区、智能区六大板块产业区域，已与郑州、苏州、哈密等地启动共建城市算力网，助力全国一体化大数据中心协同创新体系建设。未来，庆阳集群将以京津冀、长三角、粤港澳大湾区等地区及兰州、西安、郑州等周边城市为重点，高强度搭建高速直连算力传输网，申报建设国家新型互联网交换中心，积极推进低时延、高带宽、低抖动的确定性网络建设，打造高速泛在、安全可靠的算力传输网络。积极布局数据要素交易市场，与深圳、贵阳等地大数据交易所合作，加快构建数据算力领域的"西部陆海新通道"。

——中卫数据中心集群。中卫数据中心集群由宁夏枢纽规划设立，起步区为中卫工业园区西部云基地。近年来，宁夏回族自治区人民政府制定了《关于促进大数据产业发展应用的实施意见》《关于促进全国一体化算力网络国家枢纽节点宁夏枢纽建设若干政策的意见》《促进人工智能创新发展政策措施》《关于支持中卫大数据产业中心市高质量发展的实施方案》等政策措施，明确提出要保障大数据中心项目建设用地、降低生产用电成本、推进技术融合应用、加强关键技术攻关，对突破核心关键技术、研发创新产品的企业给予资金支持，着力打造数字经济新优势和大数据产业新高地。目前，中卫数据中心集群已经建成国家（中卫）新型互联网交换中心，其已成为国家互联网交换四个"直辖市"之一，加快建设全国一体化算力网络国家枢纽，打造"西部数谷"，建成、在建亚马逊、美利云、中国移动、中国联通、中国电信等18座大型数据中心，安装机架超过6万架，为智谱华章等4000余家企事业单位提供算力服务，培育引进了西云数据、欢聚集团等220多家互联网企业，百度、阿里巴巴等20家企业CDN节点投入运营。建成全国首个"万卡"智算基地、亚马逊在中国最大云基地、美团最大的云服务器部署基地、并行科技西部超算基地和中国移动云西部节点，亚马逊云、闽宁云、黄河云、苏宁云、共享铸造云等"云品牌"上线运营。根据中国信息通信研究院发布的《中国综合算力指数报告（2023年）》，宁夏算力质效指数排名全国第4，环境分指数排名全国第2，资源环境指数排名全国第1。2023年，宁夏成功举办了中国算力大会，签署项目协议81个，发布了"1268"成果体系。中卫算力产业带动宁夏AI服务器制造、国产AI芯片适配基地、"百企百亿"、数字经济基金小镇等项目落地，形成算力产业生态体系。下一步，中卫数据中心集群将加快推进全国一体化算力网络国家枢纽节点建设，完善国家（中卫）新型互联网交换中心，以构筑"算力设施、数字应用、数据要素、安全信创、未来技术"五大生态为重点，高标准建设中卫数据中心集群，打造国家"东数西算"示范基地、信息技术应用创新基地、国家级数据供应链培育基地，让西部云基地成为西部聚集、聚能、聚智的数字产业高地。

3. 中部地区

中部地区产业资源优势突出、劳动力资源丰富、市场前景广阔，尽管没有直接部署国家算力枢纽节点和国家数据中心集群（除芜湖外），长沙、郑州、合肥、南昌、武汉、太原、大同等中部地区中心城市也可以作为"东数西算"工程过渡带，充分整合产业、数据、市场等资源，与国家算力枢纽节点和国家数据中心集群形成优势互补，大力推动数据要素价值化，积极发展数据标注清洗、数据交易流通、数据产品加工、数据挖掘分析等数据增值服务业。

——**长沙、郑州、太原、武汉、合肥等城市发展超算服务**。除"东数西算"工程建立的算力网络外，科技部还在长沙、郑州、太原等地建立了若干国家级超算中心。武汉、合肥等城市也建立了超算和智算网络，在算力硬件、软件和产品等方面具有一定的基础和优势。长沙、郑州、太原、武汉、合肥等中部城市可充分发挥算力网络优势，发展超算服务，为原始科学创新、人工智能发展、重大工程突破等提供算力支撑。一是长沙、郑州、武汉等中部城市可与东西部算力中心共同打造"前店+后厂"的数据服务模式，为国内各级政府、各大高校和研究机构、各类企业等市场主体提供智能算力等数据增值服务，为科学研究提供支撑。二是长沙、郑州、太原等城市可发挥超算资源优势，积极拓展数字化应用场景，推动数字技术在农业、制造业、服务业的融合应用，加快推进新型工业化、农业现代化和新型城镇化步伐。三是武汉、合肥、长沙等城市可以充分利用超算和智算的算力资源优势，赋能人工智能产业发展，大力发展智能网联汽车、类脑智能、智能育种、智能制造等人工智能产业。

——**南昌等城市打造 VR 产业集群**。江西省高度重视 VR 产业，相继发布一系列支持虚拟现实产业发展的政策文件，产业发展取得了显著成效。目前，江西聚集了华为、阿里巴巴、HTC、网龙、科大讯飞、微软、SAP、海康威视等 350 余家相关企业，已具备一定的基础和优势。未来，江西可以以南昌为中心，依托全省丰富的产业、文旅等资源，构建完整的 VR 产业生态链，完善 VR 硬件配套基地体系和软件服务平台体系，培育壮大 VR、网络游戏、大数据、元宇宙等数字产业规模。加快产业集聚，发展 VR 硬件设备、基础软件、内容创作和集成、测试等专业服务，深入推进"VR+"示范应用，构建完整的技术、产品、内容、服务和应用的产业生态系统，打造世界级 VR 产业集群。

——**长沙、郑州、武汉等城市发展数据交易流通**。近年来，随着数据量的增长，先后成立了近 50 家数据交易所，积极探索数据交易流通新业态新模式。长沙、郑州、武汉等中部城市可以发挥数据交易平台的作用，培育壮大数据交易产业，积极推动数据交易流通和价值转化。一是加强与北京、上海、深圳、贵阳等地数据交易所的合作，搭建全国性数据资产登记平台，汇聚东西部地区数据资源，形成全国数据资源调度、交易流通、价值开发基地。二是积极探索可信数据空间、数据专区等数据交易流通新模式、新业态，促进大数据与实体经济深度融合，推动数据要素流通与价值开发。三是围绕数据交易平台，培育一批数据采集、转写、标注、清洗、传输、管理以及数据产品开发、发布、承销和数据资产合规化、标准化、增值化的数据服务商，打造一批具有国际影响力的数据要素产业集群。

——**太原、大同等城市发展数据标注相关产业**。近年来，随着人工智能、自动驾驶等产业的发展，数据标注产业需求快速增长，太原、大同等城市先后建立了百度山西数据标注基地、东风里数据服务基地等数据标注基地，打造了数据标注服务产业集群。目前，数据标注、数据呼叫产业已经成为山西省数字经济的前沿阵地和数字转型的窗口与名片。未来，太原、大同等中部城市要抓住人工智能、自动驾驶、大数据等数字产业发展机遇，充分发挥产业基础优势、人才资源优势和能源价格优势，培育壮大数据呼叫、数据标注、数据采集、数据清洗、数据分析等劳动密集型数据服务业，不断壮大数据资源规模，促进人工智能、自动驾驶等相关产业发展，为经济高质量发展增势赋能。

第三章
"东数西算"工程的技术图谱

"东数西算"工程的关键是布局建设一批互联网数据中心（IDC），而 IDC 具有产业链条长、覆盖门类广、带动效应大等特点，有着巨大的投资带动效应，如图 1 所示。一是规划咨询。"东数西算"工程将直接扩大数据中心产业规划、园区设计等相关领域的需求。二是园区基建。数据中心的建设将直接推动相关园区土木建设、电力供应网络、通信网络、数据存储计算网络等基础设施建设。三是园区管理。数据中心的管理将带动园区温控系统、空气冷却系统、液体冷却系统、新风系统等相关配套服务的需求。四是园区运营。数据中心运营将促进数据存储和数据计算等服务需求，前者主要涉及三大电信运营商，后者主要涉及阿里云、华为云、京东云等云厂商。五是数据服务。主要包括电信运营商和云厂商利用 IDC 机房为互联网企业、金融机构、制造企业、政府机关、电力企业等提供数据存储及计算等增值服务。其中，数据中心的规划咨询、园区基建、园区管理属于 IDC 产业链上游，主体为基建和设备制造商；数据中心园区运营为 IDC 产业链中游，主体为电信运营商、第三方 IDC 服务商、云厂商等 IDC 服务提供商；数据服务为 IDC 产业链下游，主体为互联网企业、金融机构、制造企业和政府机关等 IDC 租用客户。

相较于农业经济时代的土地和工业经济时代的电力，算力已经成为数字经济时代的核心生产力。"东数西算"工程涉及众多核心技术和产品，但目前我国在许多细分领域的技术尚不成熟，云计算底层技术、高端芯片、基础软件等领域面临的关键核心问题还比较突出，智能微电网技术、储能技术、液冷技术、柔性输电技术等绿色节能技术也难以满足数据中心绿色发展的需要，但这也为我国技术创新、产业投资和人才培养指明了方向。下一步，应充分发挥我国新型举国体制优势和超大规模市场优势，通过"揭榜挂帅""赛马"等多种方式推动数据中心领域的技术创新和管理创新，夯实"东数西算"工程的技术基础。

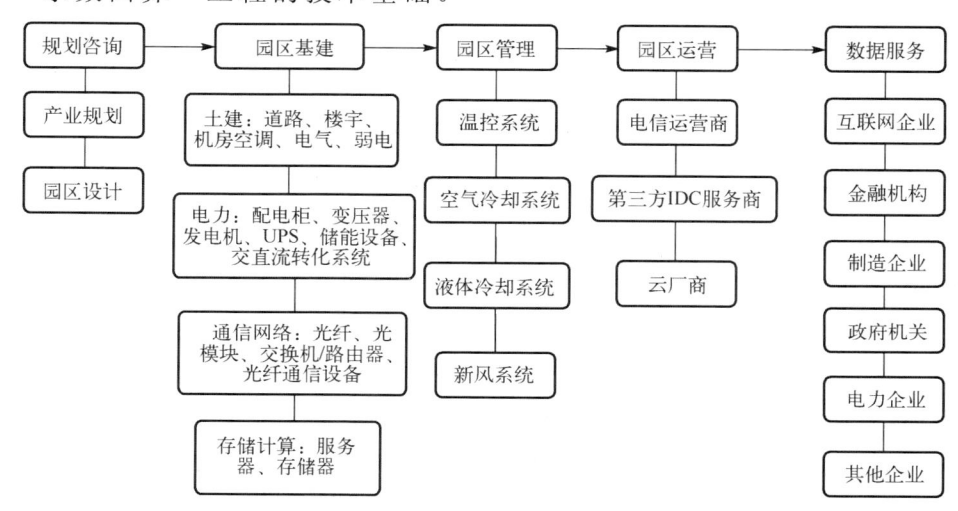

图 1 互联网数据中心产业链

第一节 绿色节能类技术

当前，数据中心为了实现数据运算、传输和存储，需要大量的硬件设备，对电能的消耗巨大。国家能源局测算，2022 年我国数据中心总耗电量约 2700 亿千瓦时，同比增长约 24.7%，占全社会用电量的比重近 3.1%，上升了 0.5%。根据国家电网能源研究院的预测，到 2030 年，我国数据中心耗电量或将突破 4000 亿千瓦时，占全社会用电量的比重将达到 3.7%。因此，提升数据中心的能源利用效率、减少碳排放，是"东数西算"工程落实"双碳"目标的具体实践。实现这一目标，除利用西部地区的冷空气为数据中心降温外，加强绿色节能类技术创新或成为数据中心未来发展的重要选择。目

第三章 "东数西算"工程的技术图谱

前,大型数据中心绿色节能类技术主要包括智能微电网技术、储能技术、液冷技术和柔性输电技术等关键技术。

1. 智能微电网技术

（1）发展背景。

大型数据中心是"东数西算"工程的主体,主要提供数据存储和计算服务,需要 24 小时不间断运行,充足、持续、稳定的电力供应是数据中心正常运营的前提和基础。目前,风电、光伏、潮汐等可再生能源具有波动性和间歇性,而水力发电又具有很强的季节性和不确定性,它们都难以满足数据中心对持续供电的需求,这也是导致风电、光伏等可再生能源难以直接为数据中心供电的重要原因。在这样的背景下,加快智能微电网建设,提高电力系统灵活调度能力,是有效利用可再生能源为数据中心供电的解决方案之一。

（2）主要内容。

智能微电网是由分布式能源、储能装置、能量转换装置、负荷、监控和保护装置等组成的小型配电系统。可以实现自我控制、自我管理和自我优化,提高能源利用效率,降低能源消耗和排放,满足数据中心的用能需求。微电网技术的基本原理是通过储能系统对不稳定的电能进行调节,为数据中心等用户提供稳定、持续、灵活的供电。

（3）发展现状。

目前,国外企业已经完成了较为全面的专利布局。根据施耐德电气于 2020 年发布的《如何利用微电网提高数据中心弹性、优化成本以及增加可持续性》白皮书,其专利布局涉及智能协调现场分布式发电资产、优化用电成本和提高电力稳定性等多个方面,贯穿数据中心微电网系统的各个技术分支。施耐德电气的智能微电网产品能够为基础设施的能源管理提供全套软硬件及服务解决方案,有效满足能源弹性供应、可再生能源自消纳、效率优化等多元化需求,助力企业实现稳定、可靠、高效运营。目前,施耐德电气已经部署安装了超过 300 个微电网,其专业能力得到了广泛认可,被总部位于伦敦的独立研究和咨询机构 Verdantix 评为微电网技术及可持续发展领域的领导者。

（4）趋势研判。

微电网是可再生能源消纳的有效手段，不但可以避免传统分布式发电对配电网造成的不利影响，而且能有效支持微电网接入点的配电网，因此对保障和稳定能源供给具有重要意义。"数据中心＋微电网"模式，既可以替代传统的数据中心不间断电源（UPS），保障数据中心的电力供应，也可以在适当的时机选择接入大电网，利用电价差进行电能交易，优化电力资源配置，降低数据中心用电成本。因此，基于智能微电网的多种功能，智能微电网或将成为数据中心建设的重要内容。

2．储能技术

（1）发展背景。

智能微电网技术解决的是微电网与主网的智能化切换问题。对于不并入主电网、完全实现独立能源供应的数据中心而言，储能技术成为其必不可少的内容。一方面，储能系统是数据中心的不间断电源。在绿色能源供给不足甚至断供情况下，储能系统能够为数据中心提供临时的应急电源，维持数据中心的稳定运行。另一方面，储能系统能够降低数据中心电力成本。数据中心耗能较高，电力成本占运营总成本的 60%～70%，储能系统可以通过"削峰填谷"等手段降低电力成本。为了平衡电网用电时段，电网公司通常会在波峰和波谷时段制定差别电价，而且两者差距比较大，其中浙江、广西、广东等地最大峰谷电价差分别达到 0.83 元/千瓦时、0.79 元/千瓦时和 0.89 元/千瓦时。数据中心可利用储能系统在用电波谷、电价较低时存储电力，并在用电高峰期、电价较高时进行利用，以降低用电成本。

（2）主要内容。

储能是指通过储能设备实现电力存储和释放，确保数据中心电力资源优化配置，是数据中心降低能源消耗、减少成本支出的重要解决方案。目前，数据中心储能技术主要有电化学储能、氢能储能、重力蓄能、压缩空气储能等，其中电化学储能和氢能储能因能量密度高、储存方式灵活、输出电压高、可再生能源利用率高等特点，很有可能成为未来数据中心储能的备选方案。电化学储能是通过电池将电能进行储存，在需要用电时再释放电能的储能方式，其原理类似我们使用的"充电宝"。氢能储能是通过将电力转化为氢气进行储存，当需要用电时再将氢气转化为电力，从而实现能源的储存和利用。重力蓄能是利用水、砖块等作为储能介质，通过电能与势能相互转化，实现电能的储存和管理。

（3）发展现状。

一是电化学储能。电化学储能主要利用铅酸电池、铅碳电池、锂电池、镍镉电池等，其中铅酸电池和锂电池技术较为成熟，已经在各大数据中心、电动交通工具等场景得到广泛应用。铅酸电池具有维护简单、安全稳定、可靠性高等优点，被许多数据中心当作"应急电源"使用；而磷酸铁锂电池具有能量密度高、安全性能好、循环寿命长等优点，是数据中心大规模、长时间储能的首选电池。二是氢能储能。氢能储能作为清洁能源，具有能量密集度大的优点，其制备和利用受到了美国、欧盟国家、英国、日本等主要发达国家的重视，有望成为重要支撑性技术。当前，氢能储能已经成为业界投资热点，日本一些企业已经取得了许多基础专利和产品。近年来，我国各大能源企业也不断加强氢能储能发电专利布局，已经取得了一系列典型专利技术，不仅可以将光伏、风电等可再生能源产生的电能直接汇入直流母线，避免多级电能转换，而且可以将过剩的光伏、风电等能源用于产生氢气，通过氢气燃烧、氢燃料电池等方式供电。三是重力蓄能。重力蓄能是利用电力负荷低谷时的电能抽水至上水库或将砖块提升到一定高度，在电力负荷高峰期再利用重力势能发电。重力蓄能可将电网负荷低时的多余电能转变为电网高峰时期的高价值电能，适用于调频、调相，稳定电力系统的周波和电压，其中抽水蓄能是技术最成熟、经济性最优、最具大规模开发条件的储能方式,是电力系统绿色低碳清洁灵活调节电源。

(4)趋势研判。

数据中心是高耗能行业,而且随着数据中心数量的增长,未来用电需求还将快速增长。要想实现真正意义上的"碳中和"和"零碳运行",一方面可以大规模采用光伏、风能、水电等可再生能源,提升可再生能源供应能力;另一方面可以大力发展储能技术,解决风电、光伏、水电等可再生能源发电不持续、供电不稳定的问题。因此,"绿色发电—电池储电—数据中心用电"的能源供给模式,即利用光伏、风电、水电等可再生能源发电,再利用氢能或锂电池等技术储能,必要时为数据中心供电,或许将成为未来数据中心较为理想的能源解决方案。

3. 液冷技术

(1)发展背景。

在"双碳"目标下,如何提升数据中心的能源使用效率、降低能耗水平,发展高效节能、绿色低碳的能源利用模式,已成为"东数西算"工程必须面对的问题。从现有数据中心来看,制冷系统是耗电的主力,所需能耗约占数据中心总能耗的4成。因此,推动制冷技术和模式创新,降低数据中心制冷系统能耗,已经成为各大数据中心、节能企业和研究机构关注的对象。目前,制冷技术中,风冷和液冷两种模式使用较为广泛,分别使用空气或者液体作为媒介对需要冷却的物体进行降温。由于液体具有相对较高的比热容,其制冷效果和能效远远高于风冷,在高密度、大规模、高散热要求的数据中心中具有很强的竞争优势,受到数据中心的广泛采用。液冷方式还有一个突出优点,就是不需要使用风扇,又可以节约大约10%的电能消耗。例如,杭州的阿里云计算数据中心(仁和园区),部署了全球最大的浸没式液冷服务器集群,其服务器浸泡在特殊冷却液中,整体节能超70%,PUE达到1.09,逼近理论极限值1.0,每年可节电7000万度,相当于西湖周边所有路灯连续8年的用电量。

（2）主要内容。

在液冷技术中，根据液冷机房末端与服务器等热源的接触方式，液冷可以分为间接液冷技术和直接液冷技术，其中间接液冷以冷板式为主，热源与冷却液不直接接触；直接液冷以浸没式为主，把电子器件直接浸没在不导电液体中，利用导热、对流及器件表面液体沸腾提供较高的传热系数，降低芯片表面的温度，具有散热效率高、效果好、噪声低等优点。赛迪顾问报告显示，浸没式液冷数据中心凭借其优良的制冷效果，市场份额渗透率不断提高，到2025年，我国浸没式液冷数据中心市场规模将超过50亿元，市场渗透率或达到40%以上。

（3）发展现状。

核心技术方面，目前国内企业已经成功开发出高性能大数据中心设备专用的巨芯冷却液，填补了国内高性能大数据中心专用冷却液的空白，主要性能指标与国外垄断产品相当。例如，浙江创氟高科新材料有限公司计划投资5.1亿元规划建设5000吨/年浸没式冷却液项目，其中一期1000吨/年项目已建成投产，突破了国内全氟聚醚类新材料的技术困境。**解决方案方面**，中科曙光、浪潮、华为、京东、阿里云等许多企业都深入探索液冷技术，积累了丰富的技术经验，在科研、金融、人工智能等多个领域广泛应用。例如，中科曙光依托浸没相变液冷技术，推出标准化解决方案，使CPU等主要芯片运行温度下降10℃左右，额外带来10%~30%的应用性能提升，而且通过减小部件所负载的温度变化幅度，极大提升了数据中心运行的稳定可靠性，实现全年自然冷却，总能耗降低约30%，高密度部署为机房节省85%左右的空间，该解决方案已广泛应用于"东数西算"成渝枢纽节点内的西部（重庆）科学城先进数据中心等20多个城市数据中心。**产品方面**，浪潮信息、京东等积极布局冷板式液冷、浸没式液冷等类型产品。例如，浪潮信息发布了亚洲最大的液冷数据中心研发生产基地——天池，实现了冷板式液冷整机柜的批量交付，用户数据中心PUE可降低至1.1以下，整体交付周期在5~

7天之内；浪潮信息与京东云联合发布天枢（ORS3000S）液冷整机柜服务器，使得散热效率提升了50%，能耗降低了40%以上，目前已经在京东云数据中心实现规模化部署，已经为京东618、"双11"等活动提供了基础算力保障。**技术标准方面**，浪潮信息正在探索液冷标准，推动建立产业生态，带动液冷技术创新和产业发展。由中国信息通信研究院牵头，阿里巴巴、百度、腾讯、京东、浪潮信息、中国电信、中国移动等企业参与起草的首批数据中心液冷系列行业标准，于2022年4月1日正式实施，涵盖浸没式、冷板式等主要液冷方式的技术要求和测试方法，以及液冷能源使用效率要求和测试方法、冷却液体技术要求和测试方法等内容，液冷行业标准体系和产业生态正在形成。

（4）趋势研判。

伴随"东数西算"工程的全面启动以及数字经济的蓬勃发展，互联网、金融和电信等行业业务量的快速增长，未来对数据中心液冷技术的需求将会持续加大。根据赛迪顾问的预测，到2025年，我国液冷数据中心市场规模或将达到140亿元。但是，由于冷冻水系统架构复杂，需经过冷水机组、冷却塔、蓄冷罐、温控末端、水泵、板换、管理系统等七大部件的四次换热过程，具有工程性强、周期长、运维复杂等缺点，难以适应未来IT业务的不确定性需求，在短时间内实现规模化运用面临较大挑战。而且，液冷技术存在能耗水耗高、稳定性不够、标准缺乏、改造成本过高等一系列问题，尤其是不利于在比较缺水的西北地区进行大规模推广，这也是液冷技术需要突破的方向。

4．柔性输电技术

（1）发展背景。

数据中心用电需求量较大，电力供应系统一旦出现问题将影响数据中心的正常运行，甚至造成数据丢失、业务暂停、设备损毁等严重后果。因此，数据中心对电力供应系统的可靠性、安全性和效率提出了很高的要求。但是，火力发电、风电、水电、光伏都具有一定的季节性、周期性和不稳定性,难以满足数据中心的电力保障。在这样的背景下,柔性输电技术对于保障数据中心的持续、稳定供应就显得十分重要。通过柔性输电等技术,可以将风电、光伏、水电等可再生能源联通起来,实现风、光、水发电时空互补和电网间接储能,确保持续、稳定的电力供给。

(2)主要内容。

柔性输电技术是新一代电力系统技术,能够灵活和精准地调节电网潮流、电压等,应用柔性输电装置可以对电网按照设定的控制目标和策略进行输电,相当于为电力输送装上了精准的"调度器",能够实现电流的精准控制,有效提升电网的输电能力和安全稳定水平。柔性输电技术是未来数据中心建设必须要突破的领域,也是电力系统重要的发展方向。

(3)发展现状。

国外柔性直流输电开始于20世纪末,工程应用主要分布在北美、澳洲和欧洲地区,ABB和西门子占据主要市场份额,其中ABB的市场份额超过了80%,其龙头地位十分稳固。国内柔性直流输电技术发展起步较晚,2006年国家电网组织团队开展柔性直流输电系统关键技术研究,目前在技术、专利和标准等方面已经具备一定的实力,已有上海南汇、舟山、厦门、鲁西等10余项柔性直流输电工程投入运营。未来,随着"东数西算"工程的推进和数据中心的大规模建设,柔性输电技术或将迎来巨大的市场需求和创新空间。

(4)趋势研判。

"东数西算"工程是数字技术、能源技术发展趋势和目标高度契合的综合性工程,是优化全国数字经济布局和实现"双碳"目标的战略举措,必将带动西部地区可再生能源开发和数字经济持续健康发展。企业和研究机构可以以"东数西算"工程为契机,加强在智能微电网技术、储能技术、液冷技术、柔性直流输电技术等领域的布局,争取通过技术突破和产品创新,推动数字技术、低碳技术与实体经济的深度融合,从而带动大数据、信息技术、绿色能源等数据中心相关产业实现高质量发展。

此外，蓄冷也是数据中心降低能源消耗、减少成本支出的重要手段。蓄冷是在夜间电力负荷低谷期制备冷量，并在日间电力负荷高峰期将制备的冷量应用于空调系统，包括水蓄冷、冰蓄冷、共晶盐蓄冷和气体水合物蓄冷等。目前，冰蓄冷空调系统较为成熟，受到广泛应用，成为部分工业企业、数据中心降温的重要手段。

第二节　算力网络类技术

网络连接是"东数西算"工程的主要内容，是提升数据中心算力水平的重要支撑。随着数据量的爆发式增长以及"东数西算"工程的建设运行，海量的数据将在东西部之间流通，网络连接将发挥十分重要的作用。当前，数据量的爆发式增长以及应用场景的快速拓展对现有网络连接和网络技术提出了新的挑战，需要进一步研究和发展新型网络技术，推动网络朝更智能、更灵活、更便捷的方向发展。目前，数据中心的算力网络类技术主要包括算力网络技术、确定性网络技术、算网融合技术等关键技术。

1．算力网络技术

（1）发展背景。

算力网络是一种根据业务需求，在云、网、边之间按需分配和灵活调度存储资源、网络资源以及算力资源的新型信息基础设施，涉及网络架构、计算节点、资源管理、网络安全、标准化和互操作等内容。近两年来，随着边缘计算的快速兴起，云网融合体系不断完善，算力网络技术也得到快速发展，力图通过网络控制面解决多方、异构的算力资源柔性供给问题，能够让用户在发起任务时不用指定具体的算力资源节点，而由网络控制面根据资源节点实时信息与业务策略来选择最佳算力资源节点。

（2）主要内容。

算力网络技术的关键在于扩展网络控制面能力。比如，分布式算力网络技术方案可以通过扩展边界网关协议、链路状态路由协议等，使算力资源节点宣告自己的路由信息，将算力类型、可用量等算力资源信息发送到对应的网络节点。网络节点在收到资源信息后，通过泛洪的方式将该信息分发给其他节点。连接用户的边缘网络节点收到算力资源信息后，即可通过路由算法计算得到以本节点为中心的资源分布情况。当用户收到以其为中心的资源视图后，就能够主动或者依靠智能算法选择所需的资源节点，自动计算出最优路径，并迅速进行连接。近年来，随着算力需求的增加，算力网络技术受到社会各界的广泛关注。

（3）发展现状。

近年来，随着全球范围内芯片、服务器、超级计算机等行业的发展，全球算力网络市场快速增长。据测算，2023年，我国算力网络市场规模约为753.8亿元，增长了20%。目前，中国移动、华为、中兴、爱立信、诺基亚贝尔、英特尔、飞腾、浪潮、中科曙光等国内外企业加强算力网络技术布局，主要涉及泛在智能的新型算力、以数据为中心的多样性计算架构、光电联动的全光网络、超低时延驱动的确定性网络、算网深度融合的原创技术、融数注智的算网大脑、可信共享的算网服务、端到端的绿色低碳技术、算网一体化全程可信和空天地一体的星云算网等技术领域，并通过构建跨地域、多方参与的算力网络试验网，形成了算力网络业务、技术、生态三位一体的创新孵化体系，促进了算力网络持续健康发展。

（4）趋势研判。

算力网络技术需要整合多样化的用户资源，以最低的成本支出，满足多样化的用户需求。资源整合方面，需要整合不同种类的资源节点，包括集中的大型云计算节点、分散的边缘计算节点和无处不在的端计算节点等。利益主体方面，需要协调解决不同主体的资源池，涉及云服务商、电信运营商、区域性供应商、行业用户等不同主体。用户需求方面，需要满足多样化的业务需求，即兼顾成本、时延、安全等不同目标，力争实现以最低成本支出、最高的效率满足多样化业务需求的目标。

2．确定性网络技术

（1）发展背景。

算力网络需要为用户提供实时的数据存储和计算服务，而以"尽力而为"为基础的传统网络已经无法满足数据中心、工业互联网、电网、车联网等新型信息通信网络以及远程控制、虚拟现实、增强现实、远程医疗等应用场景对大带宽、低时延、低抖动、高可靠性的通信要求，使得确定性网络的重要性日益突出。

（2）主要内容。

确定性网络是利用网络资源打造的实时网络，提供大带宽、低时延、低抖动、高可靠性的数据传输服务，能在一个网络域内为承载的业务提供确定性业务体验，从而为数字技术与实体经济的融合发展提供确定性网络支撑。然而，作为一项新兴技术，确定性网络的部署应用仍面临着较大的技术、生态、成本等方面的障碍，其中基础技术体系复杂、与现有网络融合困难、专网建设成本高等问题在很大程度上制约了确定性网络的应用推广。下一步，需要加大研发投入和应用推广，推进核心技术攻关、标准体系构建、应用生态合作等，推动确定性网络的规模化应用。

（3）发展现状。

核心技术攻关方面，确定性网络技术已经成为产业投资的重点领域和技术研发的重要方向。近年来，华为、新华三、三大电信运营商等国内企业、研究机构和标准化组织已经在确定性网络技术相关领域开展了系统深入的研究并取得一系列进展，以TSN、FlexE、5G URLLC、SRv6、边缘计算、网络分片、算网融合等为代表的确定性网络技术不断涌现。目前，国内企业和研究机构已经在布局各细分领域的确定性网络技术研发。例如，网络通信与安全紫金山实验室联手华为、北京邮电大学等机构编制发布了《未来网络白皮书：确定性网络技术体系白皮书（2021版）》，其中详细列举了时间敏感网络（TSN）、灵活以太网（FlexE）、确定网（DetNet）、确定性 IP（DIP）网络、确定性 WiFi（DetWiFi）、第五代移动通信确定性网络（5GDN）等领域的最新研究进展及技术趋势。**标准体系构建方面**，国内外研究机构和标准化组织已经以制造业为典型应用场景，组织开展确定性网络技术的研究。2015 年，国际互联网工程任务组（IETF）成立确定性网络工作组，与 IEEE TSN 任务组协同，推动在第 2 层桥接段与第 3 层路由段上构建通用架构以建立端到端确定性转发路径。2017 年，IEEE 与 IEC 在 TSN 任务组中成立 P60802 工作组，研究将二层确定性网络技术——时间敏感网络技术应用于工业控制领域。2018 年起，中国通信标准化协会（CCSA）积极组织开展确定性网络研究，并由工业互联网特设组（ST8）对工业场景下确定性网络、时间敏感网络等技术和设备开展行业标准研制。**应用生态合作方面**，确定性网络技术已经在电力、通信等领域得到广泛应用，推动千行百业实现数字化、网络化、智能化转型。在供给侧方面，华为、中兴通讯、新华三等企业已经在确定性网络技术研发和产品开发方面有所布局，打造了端到端确定性网络解决方案，为不同应用场景提供产品支持和技术服务。在需求侧方面，三大电信运营商持续加大确定性网络建设投入，加强端到端确定性网络技术的推广应用，为推动数字技术与实体经济深度融合提供了确定性网络保障。

（4）趋势研判。

随着"东数西算"工程的实施，确定性网络技术水平将进一步提升，未来将在农业生产、制造、电力、采矿、车联网、远程手术等行业的数字化变革中发挥无可替代的重要价值。下一步，要加强确定性网络的技术研发、融合应用和生态建设。一是持续加大未来网络技术的研究与创新投入，争取实现技术突破，继续保持确定性网络的技术优势；二是推动确定性网络不断优化，并与云计算、大数据、人工智能等前沿技术深度融合，共同构筑驱动数字化、网络化、智能化转型的强大平台，为产业发展赋能、赋智、赋值；三是加强应用推广，推进标准体系构建、应用生态合作等，推动确定性网络的规模化应用。

3. 算网融合技术

（1）发展背景。

数据中心业务主要包括数据存储、通用计算和高性能计算，各种业务对网络性能有不同要求，其中存储业务对数据传输可靠性诉求非常高，通常要求网络零丢包；通用计算业务因规模大、扩展性强而对网络成本、扩展性具有较高要求；高性能计算业务需要低时延，因而对网络传输效率有较高要求。"东数西算"工程的实施，将促进单节点算力的快速增长与分布式算力集群的迅速扩张，对算力网络时延和可靠性提出了极高的要求，使得网络成为数据中心新的瓶颈。一旦网络时延较高或出现丢包现象，将导致数据丢失，影响业务延续性，会造成巨大的算力损失。亚马逊等发布的研究报告认为，大型数据中心用于流量处理的算力大约占总算力的30%，这部分用于流量处理的算力损失也被称为"数据中心税"。网络丢包方面，实验研究证明，发生0.1%的网络丢包将造成大约一半的算力损失，因此丢包会带来巨大的成本浪费和效率损失。因此，"东数西算"工程对网络的可靠性和时延有很高的期待。

（2）主要内容。

传统的局域网比较适合通用计算，难以满足数据存储和高性能计算的业务需求。为满足不同业务对网络的个性化要求，一般情况下数据中心会在内部部署三套不同的网络系统，分别是光纤网络、局域网和无限宽带网络，其中光纤网络主要用于承载存储网络，局域网主要用于承载通用计算业务，无线宽带网络主要用于承载高性能计算业务。但是，传统光纤网络和无限宽带网络具有价格昂贵、生态封闭且需要专人维护等特点，而且对软件定义网络（SDN）支持能力较弱，无法通过软件升级来满足云网协同自动化部署的要求。算网融合技术以全无损局域网来构建新型数据中心网络，使数据存储、通用计算、高性能计算三大业务能够融合部署在一"张"局域网上,可以实现全生命周期自动化和全网智能化运维。因此,算网融合的超融合数据中心网络是未来算力网络发展的必然趋势。

(3)发展现状。

近年来,思科、Arista、华为、瞻博等国内外知名企业已经超前布局数据中心网络技术研发和产品开发。其中,华为早在2014年就开始布局智能无损网络研究,并基于无损技术推出丰富的数据中心网络产品和解决方案。2021年,华为基于《超融合数据中心网络无损以太场景等级测评规范》的全无损以太网络方案率先完成分布式存储、集中式存储、高性能计算三大场景测评。2022年5月,华为发布了超融合数据中心网络,为云数据中心提供融合、无损的网络连接,具有超强带宽、无损传输、智能运维三大优势。当前,华为发布的超融合数据中心网络 CloudFabric 3.0 解决方案,已经在金融、政务、超算中心、智算中心等领域得到广泛应用,智能无损网络得到稳步发展。

(4)趋势研判。

在"东数西算"战略体系中,网络连接作为其中的重要组成部分,在支持数据流动与算力共享方面起着至关重要的作用。随着"东数西算"工程的实施,数据存储、数据传输、数据计算和交易流通等业务需求将不断增加,从而带动算力网络技术、确定性网络技术、算网融合技术等新型网络技术的快速发展,并促进网络连接朝更为弹性、高效、便捷的方向发展,从而满足全国一体化大数据中心协同创新的各项要求,创造更大的经济社会价值。

第三节 智能运维技术

随着人工智能、云计算、大数据、区块链、即时通信等新一代信息技术的快速发展和广泛应用,管理信息化、自动化、智能化等数字技术得到普遍应用,为智能运维技术的发展打下了坚实基础。

数据中心将通过智能运维技术实现供电系统、温控系统以及微模块的自我检测、自我诊断，保障数据中心基础设施安全，极大地减少故障修复时间、降低人工巡检工作内容、提高设备修复效率。

1. 远程监测技术

（1）发展背景。

目前，我国规划的国家级数据中心集群主要集中在广东韶关、贵安新区、宁夏中卫、甘肃庆阳、内蒙古和林格尔、河北张家口等地区，相对于算力需求较为集中、人才资源较为充足的北京、上海、广州、深圳、杭州等地而言，经济发展较为滞后。尤其是西部地区的数据中心面临着基础设施不完善、配套产业不健全、生存环境艰苦等问题，短期内对数字经济领域高端人才难以形成较大的吸引力。例如，宁夏中卫和甘肃庆阳的人口规模、城市规模、经济规模都比较小，2022年，城镇常住人口分别为54.92万人和94.92万人，常住人口城镇化率分别为50.83%和43.98%，人均GDP分别为52193元和47351元，缺乏"码农"工作和生活所必备的人文环境。在这样的背景下，充分利用"东数西算"工程构建的算力网络，发展远程监测、远程运维，实现数据中心管理的信息化、自动化、智能化，是比较可行的方案。

（2）主要内容。

远程监测是在数据中心安装物联网、边缘设备等硬件设备，通过云平台或物联网等平台对数据中心的运行状况进行实时跟踪监测，从而确保操作员能够远程、动态地掌握数据中心的运营情况。目前，远程监测系统主要通过专线、公用电话网、光纤通道、局域网、无线通信等渠道，利用网络监控工具、服务器监控工具、虚拟化平台监控、数据库性能监控工具、存储监控工具、日志分析工具、实时仪表板和警报系统、远程监控和管理工具等监测工具，实时监控计算资源、存储资源、带宽资源等内容，确保数据中心高效运行并及时发现潜在问题。

（3）发展现状。

随着计算机技术、通信技术和电子信息技术的飞速发展，在现代远程监测领域,各种先进的监测技术、监测设备和远程通信手段层出不穷。如何提高监测系统远程通信的可靠性、准确性、及时性以及延长通信距离,一直是远程测控系统设计和研究过程中必须考虑的一系列关键性问题。经过多年积累,我国远程监测技术已经较为成熟,产业发展和创新能力都走在世界前列,诞生了以海康威视、大华等为代表的头部企业,能够为各地数据中心的远程监测以及后期的远程管理和运维服务提供有力支撑,已在城市管理、生态环境保护、数据中心远程运维、智能制造、智慧矿山、智能交通、电力供应等多个业务场景得到广泛应用。

(4)趋势研判。

数据中心将实现供电系统、温控系统的自我检测、自我诊断,设置系统级、机房级、数据中心级等多类型可视分析窗口,通过配电/制冷链路可视、设备故障影响分析、3D可视化、温度云图、AI远程巡检、机器人近端巡检、移动App监测等措施,及时发现、诊断和反馈数据中心运营情况,大幅减少故障修复时间,减少人工巡检工作内容,提高设备修复率,从而更好地保护数据中心基础设施,确保数据中心的数据安全和稳定运行。

2. AI能效管理

(1)发展背景。

传统的能效管理以人工调节为主,存在工作量大、成本高、节能效果有限等问题,难以适应数据中心发展对能效管理的要求。随着人工智能、物联网技术的不断完善和广泛应用,依靠重复劳动、专家经验和商业决策的能效管理手段将逐渐被智能化管理系统取代,数据中心能效管理将逐渐由运维、节能等单个领域的智能化,向规划、建设、运维、优化的系统智能化转变,可以更加精准地降低数据中心能耗。在这样的趋势下,AI能效管理应运而生,受到各地数据中心的青睐,得到广泛应用。

(2)主要内容。

AI能效管理是利用AI动态建模技术,建立能耗与IT负载、气候条件、设备运行数量等的机器学习模型,可在保障设备、系统可靠的基础上,实时诊断各个子系统的能耗,准确推理和配置出数据中心最优控制逻辑,实时调节系统参数,实现能源精细化管理、AI 优化控制、设备预测性维护等,有效改善数据中心的 PUE 水平。

(3)发展现状。

欧美企业在 AI 能效管理方面部署较早,具有相对成熟的技术和解决方案。比如,2016 年,谷歌和 DeepMind 联合开发了一款 AI 推荐系统,通过直接控制数据中心制冷,极大地提升了谷歌数据中心的能源效率,使得 PUE 达到 1.12。近年来,我国也诞生了一批能效优化解决方案提供商,但与国外头部企业相比还有一定差距,需要通过应用带动技术迭代不断提升数据中心能效管理水平,助力能耗和 PUE 的下降。比如,华为开发的 iCooling AI 能效优化技术可在给定的天气条件、IT 负载、业务 SLA 等输入的情况下,通过深度神经网络模型进行能耗拟合及预测,并结合寻优算法,推理出最优 PUE 下对应的系统控制参数,实现数据中心能效自动化调优。目前,华为 iCooling AI 能效优化技术已经处于国际先进水平,并在华为廊坊云数据中心、中国移动宁夏数据中心(中卫)、华为乌兰察布云数据中心等得到广泛应用,极大地促进了电力消耗和 PUE 的下降。2018 年 5 月,华为把 iCooling AI 能效优化技术方案部署在廊坊云数据中心的 1500 架标准机架上,节省了 8%的电力消耗,年平均 PUE 从 1.42 降低至 1.26,每年可省下 630 多万度电。再如,世纪互联开发的数据中心 AI 能效管理技术基于 AI 算法,通过对各类系统运行数据的分析、处理、训练、完善物理系统模型并进行计算推理,从而输出最优的控制策略和参数。AI 能效管理技术可降低空调系统整体能耗,每年带来 5%~15%的能效提升,同时还间接减少了运维支出,提升了数据中心的运营效率。

(4)趋势研判。

人工智能有一个显著的特点,就是人工智能系统需要不断地进行机器学习,而且使用人工智能系统的用户数量越多,机器学习的样本量越大，越有利于 AI 能效管理系统的改进和迭代升级。因此，AI 能效管理的下一步重点就是要抓住"东数西算"工程和数据中心建设的重大机遇，扩大 AI 能效管理技术的推广应用范围和用户数量，为机器学习和参数改进创造条件，切实提升数据中心能效管理水平和能源利用效率。

3．无人运维技术

（1）发展背景。

随着企业对上云用云和线上业务的需求不断增长，IT 基础设施将呈现爆发式的扩张，传统依靠人工运维，即通过人工巡检、问题反馈、上门检修等程序实现数据中心的运维，具有运维效率低、综合成本高、质量不可控等缺点，难以满足数据中心运维的需要。数据中心是各类信息的中枢，机房的网络和计算机等设备必须持续、稳定、可靠地运行，为用户提供 24 小时不间断的数据存储、传输和计算服务，这就对运维的时效性提出了更高的要求。在这样的背景下，依托 5G、人工智能、云计算、大数据等新兴技术实现无人巡检、无人运维成为数据中心的重要内容，也是数据中心产业发展的重要方向。通过发展无人运维技术，可以提升数据中心无人巡检准确度，变被动告警为预测性维护，最大限度降低数据中心运维风险和成本，提升数据中心资源使用率、运营收益和运营管理水平。

（2）主要内容。

数据中心机房设备具有数量大、种类多、价值高、使用周期长、使用地点分散、实时性管理缺少、管理难度大等特点。完善的数据中心机房无人监控运维系统应具备四方面内容：首先，能够建立起电力供给、设备运行、机房能耗、机房环境的多层次监控；其次，能够支持设置多种丰富的阈值来及时发现危机、异常事件并发出预警提示；再次，能够提供丰富的告警方式来确保操作人员和运维人员能够接收到告警信息；最后，能够提供可视化的自动运维编排方式，实现自动巡检和故障自愈，增强机房设备、设施数据的直观可视性，提高其利用率。

(3)发展现状。

要实现数据中心的无人运维，需要声音识别、图像识别、智能传感器、智能机器人等技术的协同配合。目前，我国在智能传感器、智能机器人核心零部件等方面还存在短板。**智能传感器**（Intelligent Sensor）具有采集数据、处理数据、交换数据的能力，主要包括MEMS传感器、CIS图像传感器、雷达传感器、射频传感器、指纹传感器等，能够通过软件技术实现高精度的数据采集，具有成本低、自动化水平高、功能多等优点，发展前景广阔。根据中国信息通信研究院的数据，我国智能传感器产业生态逐渐趋于完备，歌尔、兆易创新、华润微电子、比亚迪等骨干企业在设计、制造、封测等重点环节均有所布局，智能传感器市场规模从2018年的883.2亿元上升至2022年的1210.8亿元，年均增长率为8.2%。预计到2025年，我国智能传感器行业市场规模将达1500亿元左右。目前，由于国内传感器企业在技术水平、生产工艺、产能规模、盈利能力等方面与国外企业还有一定差距，使得国内传感器市场高度依赖进口，其中中高端传感器进口比例约为80%。**智能机器人**是通过人工智能技术制造出来的能够自我控制的、具有人类所特有的某种智能行为的机器，可以大幅提高工业生产中的柔性化、自动化水平，有效保障和提升生产质量，在测量、引导、传送、检测等场景具有极高的应用价值，目前已广泛应用于汽车制造、电子制造、仓储运输、医疗康复、自动巡检、应急救援等领域。根据中国电子学会《中国机器人产业发展报告（2022）》，预计2022年，我国机器人市场规模约为174亿美元，五年平均增长率达到22%，尤其是控制器、减速器、伺服电机三大核心零部件的部分难题不断被攻克，国产化水平不断提升。

(4)趋势研判。

尽管完全实现数据中心的无人运维面临较大的难度，但是随着远程监控、数据分析、人机界面、机器人等技术的发展，智能化、无人值守、无人运维终将成为数据中心的发展趋势。其中，巡检机器人能够在特殊环境中协助甚至直接替换人工作业，避免因使用人工而出现的工伤、疲劳工作、高成本等问题，提升数据中心运维效率与作业质量。目前，我国已经将巡检机器人的制造研发作为国家科技创新的重点创投对象。

4．温控系统

（1）发展背景。

数据中心是耗电大户，在"双碳"背景下，建设绿色数据中心已成为发展趋势。"东数西算"工程的实施，意味着我国数据中心规模和整体算力水平将大幅提升，与之配套的温控散热节能设备需求也将同步增加。因此，"东数西算"工程对数据中心能耗提出了明确要求，给出了数据中心项目的能耗比指标，使得 PUE 成为评价数据中心项目经济性和能耗指标审批的重要依据。计算方式为：PUE = 数据中心项目整体功率/IT 设备能耗，基准是 2，越接近 1 表明数据中心的能效水平越好。温控系统的能耗是 PUE 能否降低到合理水平的关键因素之一，它是数据中心产业链必不可少的环节。近年来，"东数西算"工程对数据中心 PUE 的要求高于当前水平，例如，要求张家口、韶关、长三角、芜湖、天府、重庆等数据中心集群的 PUE 达到 1.25 以下，使得温控系统呈现出高端化、模块化趋势，产品价格不断上涨。

（2）主要内容。

采用温控散热节能系统可以有效降低数据中心的能耗，提升能源使用效率，温控系统主要包括通信机房和数据中心两大应用场景。前者的温控系统主要包括通信基站、接入机房、汇聚机房、核心机房等，其中接入机房涉及的电力设施、交换机等设备都需要大量专用机房空调。后者的温控系统主要涉及 IT、输配电、消防、安全监控、空调等设备，目前主要采用风冷、液冷等方式。随着"东数西算"工程的推进，数据中心和通信机房的需求将进一步增长，数据中心的温控系统以及前面所述的液冷技术或将成为下一阶段技术创新和产业发展的焦点。

（3）发展现状。

目前，华为等国内企业在数据中心温控系统方面已经做了前瞻布局，形成了较好的技术储备和成熟产品。在供配电方面，采用智能电力模块，通过全链深度融合和关键节点优化，实现一列一路电，而且在 iPower 的加持下，变被动维护为预测性维护，可节省 40%的土地占用，高于传统供电效率 94.5%，能耗降低 60%。在温控方面，通过华为间接蒸发冷却解决方案，最大化利用自然冷源，相比冷冻水系统省水、省电可达 60%，能够有效地提升温控设备的能效。例如，爱尔兰某大型数据中心，采用华为间接蒸发冷却解决方案，实现全年自然冷却，PUE 低至 1.15，年省电超过 1400 万度，节省交付周期 50%以上。在机房方面，采用面向中小型数据中心的房间级风冷制冷方案和送风冷冻水制冷方案，利用高效风机和换热器全面提升机房换热效率，极大降低了制冷的能耗。

（4）趋势研判。

随着"东数西算"工程的建设，数据中心的数量和规模将迅速提升，对温控系统的市场需求和保护要求也将不断提升。其中，液冷系统具有更出色的温控性能和价格优势，如与风冷相比，液冷系统大约能够使电池寿命延长 20%，额外的寿命收益远远超过了选择液冷系统的建设成本，这使得液冷系统将成为未来温控系统的主流方案，尤其是中高功率储能产品使用液冷的占比将逐步提升。

第四节 云计算技术

"东数西算"的"数"指的是数据；"算"指的是计算，包括对数据的分析、处理和计算。实施"东数西算"工程，就是优化数据存储和算力资源空间，实现资源开发、环境保护、产业发展等多重目标。而要实现数据的跨区域、远距离存储和计算，就需要云计算技术的支持。所谓云计算，就是把计算、存储、网络等资源集合起来，通过软件实现自动化管理和按需配置，向用户提供个性化服务。目前，我国云计算应用发展较为成熟，诞生了阿里云、华为云、京东云等知名企业，但存算分离、数据资源整合、边缘计算和网络安全等底层技术基础还不扎实。

1. 存算分离

（1）发展背景。

计算机诞生至今，我们大都使用磁盘、光盘和硬盘存储数据，运用CPU计算。存储与计算之间通过计算机总线连接。数字经济时代，随着数据规模和用户量的突发性增长，如"双11"购物节、12306春运抢票等突发业务对数据库业务造成了巨大冲击，对存储与计算的灵活性、成本、性能都提出了更高要求。在这样的背景下，依靠存储和计算一体的模式难以满足数据库业务的需求，利用高速网络和超强的云计算能力实现存算分离，采用共享存储的方式是企业数字化转型的共同选择。未来的云计算技术需要突破传统计算模型的限制，实现数据远距离传输，并保障存储和计算之间能够实现实时运行。

（2）主要内容。

美国云计算企业Snowflake是存算分离技术的重要贡献者，是云数仓领域的开拓者、采用存算分离架构的首倡者，提出了大数据存算分离机制，开发了面向服务的体系结构。该结构由高度容错和独立可扩展的服务组成，这些服务通过RESTful接口通信，它分为服务层、计算层、存储层三个体系结构层。该技术能够按需调用所需数据，实现数据远距离传输与计算，为推进"东数西算"工程建设提供了可行的技术解决方案。

（3）发展现状。

近年来，国内企业积极发展存算分离技术，其中，华为OceanStor海量存储的大数据存算分离方案已经广泛应用在金融、政务、互联网、电信等行业，并在2020年获得"ICT中国优秀解决方案奖"和"数据基础设施最佳解决方案"等荣誉。目前，三大电信运营商都选择了华为的解决方案。该解决方案具有以下三个方面的优势。

一是资源利用率显著提升。采用分布式数据库存算分离方案构建高效 BSS 系统,实现了计算、存储资源在线弹性扩容,整体资源利用率从 10%提升到 50%。二是数据恢复效率显著提升。华为的存算分离方案实现了数据重建恢复的全自动化,恢复时间从原来的 3 小时缩短至 5 分钟。三是可靠性显著增强。华为的存算分离方案使得共享存储可靠性显著提升,达到了 99.9999%的高可靠性水平。

(4)趋势研判。

存算分离技术的发展,将促进大数据、云原生等的快速进步,推动人工智能的广泛应用。首先,对大数据进行计算存储分离,可以实现数据的快速处理和分析,从而为企业的决策提供及时、准确的数据支持。其次,推动云数据仓库计算存储分离,可以提升数据处理和计算的效率,从而为人工智能的应用提供高效、准确的数据支持。最后,云原生技术将成为云数据仓库的重要发展方向,实现数据的分布式处理和存储,帮助企业充分利用云计算资源,降低成本,提高数据的处理效率和系统的稳定性。

2. 数据资源整合

(1)发展背景。

随着云计算的高速发展和大数据时代的快速演进,政府机关、电信运营商、金融机构、互联网企业以及广大中小企业的上云用云需求将呈现爆发式增长态势。这就需要充分运用各种集成技术和手段将各类数据资源整合到云平台上,为信息搜索、战略决策、企业管理等提供实时、精准、高效的服务。全国一体化大数据中心体系建成之后,各超大型企业的数据中心可以相互协作,打造"前店+后厂"模式,其中"前店"可布局在京津冀、长三角、粤港澳大湾区等算力需求旺盛的地区;"后厂"可布局在成渝、贵州贵安、内蒙古和林格尔、甘肃庆阳、宁夏中卫等数据中心集群以及长沙、郑州、武汉等中部城市,利用低时延、超远距的算力网络为"前店"提供实时数据存储和计算服务,从而实现东西部地区能源、人才、土地、算力等资源的有效配置。

第三章 "东数西算"工程的技术图谱

（2）主要内容。

数据资源往往分散在本地、云端、物联网设备内部或第三方提供的应用程序、数据集以及其他来源中。数据资源整合就是要从不同数据源系统中获取数据并进行整理和清洗，转换后加载到一个新的数据源或集中式数据库中，为下游用户的数据分析提供一致、完整、准确的数据集。目前，数据资源整合主要包括数据提取、手工编码、数据集成、传播数据、数据虚拟化以及数据的统一访问与通用存储集成等步骤。

（3）发展现状。

近年来，国内企业在数据资源整合方面进行了有益探索，以东部地区庞大的算力需求为牵引，强化西部地区数据中心算力供给，推动数据资源整合，形成了"前店+后厂"数据开发应用模式。比如，华为在西部地区建立了贵安、乌兰察布两大云数据中心超级节点，在东部地区建立了东莞、廊坊/北京、苏州/上海三大区域节点。这些数据中心都广泛采用了华为数字能源提供的预制模块化数据中心、间接蒸发冷却、电力模块、智能锂电、iCooling 等创新解决方案，形成了安全可靠的"后厂"，并以此为基础打造直接服务行业用户的"前店"，为千行百业的用户上云用数赋智提供了稳定、可靠、灵活的数据存储服务和算力支持。

（4）趋势研判。

随着大数据时代的到来，数据集成能够将分布在各系统和应用程序中的数据连接起来，提供完整的数据视图。因此，数据资源整合将变得越来越重要。未来，随着数据资源整合技术的进步，数据资源整合的应用范围也将不断扩大。首先，更加注重实时性数据的整合，从而使企业更快地获取和分析数据，以便做出及时、准确的决策。其次，更加注重数据质量，包括数据清洗、去重、验证、修复等，提升数据的可信度和准确性。再次，更加注重数据安全和隐私保护，加强对数据的加密和认证，以保护数据的安全性和隐私性。最后，更加注重跨界和跨组织的数据资源整合，将不同企业、行业甚至国家的数据整合到同一平台上，实现数据共享和数据价值开发利用。

3．边缘计算

（1）发展背景。

在传统的云计算（或者说中央计算）模式下，受资源条件的限制，云计算服务会不可避免地出现高延迟、网络不稳定、带宽限制等问题，从而降低了云计算对用户需求的响应速度，影响了用户体验。例如，我们使用手机 App 时，经常会遇到"无法访问"的情况，这就是网络状况、云服务器带宽限制造成的。此时就需要将部分或者全部处理程序迁移到靠近用户或数据的收集点，在此处进行计算、存储和传输，从而大大减少在云中心模式站点下给应用程序所带来的影响，提升云计算服务的响应速度和计算效率。

（2）主要内容。

边缘计算是指在靠近数据源的边缘地带，采用集网络、计算、存储、应用核心能力于一体的开放平台所提供的计算服务。边缘计算具有分布式、低延时、高效率、智能、节能等特点，能够满足行业在实时业务、应用智能、安全防护与隐私保护等方面的基本需求，减少云端不必要的数据存储以及传感器和数据中心之间传输所需的通信带宽。国内现有的云计算布局模式是以东部地区作为源站，中西部地区作为 CDN 节点和边缘计算节点。"东数西算"工程的实施，将提升中西部地区的数据存储能力和数据处理能力，成渝地区、贵安新区、和林格尔新区等地也将逐渐转变为中心云进行数据计算，并将全国各地的边缘计算节点串联起来。

（3）发展现状。

相比于传统云计算的集中部署模式，边缘计算解决了通信时延长、汇聚流量大等问题，为低时延和高带宽的业务提供了更好的支持。近年来，边缘计算发展受到了各方广泛关注，国际标准化组织、学术界、产业界均给出了边缘计算的定义，其概念还在不断演进与优化。"十四五"时期，我国出台了边缘计算相关系列政策，推动算力基础设施完善、边缘计算行业应用加速落地,边缘计算已应用到工业、能源、交通、医疗等多个领域。目前,边缘计算整体市场集中度仍处于较低水平,市场格局主要分为五个派系:以华为、联想、中兴通讯为代表的 ICT 基础设施头部企业,以中国移动、中国联通、中国电信为代表的电信运营商,以阿里云、腾讯云、百度智能云为代表的云计算头部企业,以网宿科技、金山云为代表的 CDN 领先企业,以江行智能、艾灵网络、PPIO、物盾安全等为代表的新兴创业企业。

(4)趋势研判。

在"东数西算"工程的网络传输中,边缘计算云是重要内容和应用方向。近年来,随着短视频、直播、网络游戏等应用的爆发以及行业数字化转型速度的加快,5G、车联网、CDN、AR/VR 等新兴技术得到广泛应用,越来越多的企业将数据存储由本地设备迁至边缘计算云服务器,海量数据在边缘赋智、存储、传输及分析应用,带动了边缘计算的快速发展。据测算,2022 年,我国边缘计算行业市场规模已经达到 622 亿元,同比增长了 45.5%,其中硬件占比达到 66.2%,软件占比为 33.8%。但是,我国边缘计算中心具有规模小、数量多、位置分散等特点,不利于数据中心行业的发展。因此,超前布局边缘计算中心,加强边缘计算技术创新应用,或将为广大基础运营商、IDC 服务商、云厂商、设备厂商等市场主体带来投资机遇。

4. 网络安全

(1)发展背景。

随着数字经济时代的来临,越来越多的网络交易、线上会议、在线办公、协同制造、网络社交等活动都在云计算的虚拟环境下进行。不法分子会采取各种手段寻找任何漏洞来渗透网络,窃取、篡改或者在未获授权的情况下非法查询用户信息,使得数据安全和个人隐私面临巨大威胁。零零信安的网络监测发现,2022 年,全球数据泄露事件总计超过 20000 件,增长了 14%,网站、电商消费平台、社交平台、交通出行购票平台、办公室自动化系统等成为主要泄露渠道。在这样的背景下，围绕数据的采集、存储、计算、管理、流通交易、开发利用等全生命周期，加强网络安全和数据安全保护十分重要。

（2）主要内容。

网络安全是指网络系统中硬件、软件以及各种数据的安全，即通过技术手段和管理手段保护计算机硬件、软件和数据不因偶然和恶意而遭到破坏、更改和泄露，有效防止各种资源不被有意或无意地破坏、非法使用。网络安全技术是指保障网络系统硬件、软件、数据及其服务的安全而采取的信息安全技术，主要涉及四个方面：一是用于防范已知和可能的攻击行为对网络的渗透，防止对网络资源的非授权使用的相关技术，涉及防火墙、实体认证、访问控制、安全隔离、网络病毒和垃圾信息防范、恶意攻击防范等技术；二是用于保护两个或两个以上的安全互联和数据安全交换的相关技术，涉及虚拟专用网、安全路由器等技术；三是用于监控和管理网络运行状态和运行过程安全的相关技术，涉及系统脆弱性检测、安全态势感知、数据分析过滤、攻击检测与报警、审计与追踪、网络取证、决策响应等技术；四是用于在网络遭受攻击、发生故障或意外情况下及时做出反应，持续提供网络服务的相关技术。

（3）发展现状。

近年来，随着我国数据产量规模的扩大和网络传输需求的增加，数据安全和网络安全的重要性日益凸显，产业规模也迅速扩大。根据中国信息通信研究院的测算，2022年，我国网络安全产业规模约为2200亿元，增长率为10.0%，逐渐成为产业界关注的重点领域。相关数据显示，2022年，我国数据安全领域投资数量超过35起，投资金额超过62.8亿元。

（4）趋势研判。

在信息化条件下，网络战将成为经济、政治、文化等多领域竞争的重要手段，网络攻防技术能力将成为保障经济安全、政治安全甚至军事安全的重要内容,有很大的发展空间。相信在未来一段时期内,随着数字经济热度的不断提升以及企业数字化转型的深入推进,网络安全和数据安全领域的投资数量与投资金额仍将保持增长的态势,从而展现巨大的投资机遇。

第五节 基础底座技术

当前,我国数据中心建设、运营和服务全产业链面临的技术短板主要体现在芯片、通信网络等领域。

1. 芯片技术

(1) 发展背景。

"东数西算"工程是国家在数字经济领域的重大基础设施布局,需要新建/扩建 8 个算力枢纽节点和 10 个数据中心集群,而互联网数据中心的高效运营以及数据的高速传输、安全存储和高效计算都需要大量高性能芯片的支撑。"东数西算"工程的实施将给芯片行业的产业发展和技术创新带来强大的动力,从而以巨大的市场需求牵引我国芯片领域实现创新突破。

(2) 主要内容。

与"东数西算"工程相关的芯片主要涉及计算芯片、存储芯片、服务器芯片和接口芯片、通信芯片等四类芯片。①**计算芯片**。计算芯片几乎是集成电路中最难的一个分支,具有投入最多、难度最大、壁垒最高等特点,需要较长时间的技术积累与用户反馈,是目前我国电子信息行业的短板。②**存储芯片**。数据存储是数据传输和数据处理的基础,存储芯片是全球集成电路市场销售额占比最高的分支,在相关产业中占据十分重要的地位。③**服务器芯片和接口芯片**。服务器芯片和接口芯片是服务器内存模组(内存条)的核心逻辑器件,主要作用是提升内存数据访问的速度、稳定性、兼容性和扩展性,以匹配 CPU 日益提高的运行速度和性能。如果芯片组不能与 CPU 进行很好的协同,将影响计算机的整体性能,甚至使其不能正常工作。因此，芯片组在服务器构架中的关键作用日益凸显，芯片组技术正成为服务器的核心技术，许多企业不断加强自有芯片组技术和产品研发投入，使得 IA 服务器的性能不断提升。④**通信芯片**。手机要实现远距离通话，需要通过基站收发信号。基站发射和接收信号，就需要数字信号处理芯片、调制解调芯片、数/模转换芯片、射频放大芯片等，以及保障通信系统同步运行的时钟芯片、保障网络安全的安全（加密）芯片等通信芯片。

（3）发展现状。

计算芯片方面，当前我国计算芯片核心技术较弱，国产化率较低，设计水平仍然落后国际主流 3～5 年，先进制造工艺与国际先进水平相差 2.5 代以上，芯片属于典型的关键核心技术。随着数据处理量的快速增长，CPU、GPU、FPGA、XPU 等高性能计算芯片需求呈持续上升趋势。根据 TrendForce 发布的数据，2022 年，全球 AI 芯片市场规模为 300 亿美元，其中中国市场超过 100 亿美元，是全球最大的 AI 芯片市场之一。指令集架构是指一种类型 CPU 中用来计算和控制系统的一套指令的集合。根据现有的指令集开发自主的指令集架构，实现指令的自主增删、架构的自主升级，对芯片设计企业至关重要。目前，国内外大部分芯片设计企业，都是通过购买成熟的指令集架构授权来进行芯片设计的，只有高通、苹果等少数企业能够做到自行设计嵌入式 CPU 内核。**存储芯片方面**，数据存储在消费电子、计算机、工业控制、白色家电、信息通信等传统领域均存在巨大且稳定的需求，随着智能手机和人工智能物联网的发展，智能手机摄像头、汽车电子、智能电表、智能家居、可穿戴设备等新型市场均有较大的数据存储需求。在数据量爆发式增长的趋势下，存储芯片的数量和性能需求大幅上升，2022 年我国存储芯片市场规模约 5170 亿元。**服务器芯片和接口芯片**，目前能够生产芯片组的厂家有美国的 Intel、AMD、nVidia、ServerWorks，中国的 VIA、SiS、ALI 以及加拿大的 ATI 等几家企业，华为等企业也有所布局。**通信芯片**，近年来，国内通信芯片企业的技术能力得到快速发展，尤其是在设计、制造、封装、测试等环节基本能够实现自主可控。

（4）趋势研判。**计算芯片方面**，当前美西方对高端芯片的控制力度不断加大，为确保产业链供应链安全，国内企业必须要实现指令集架构的自主设计。**存储芯片方面**，未来一段时期，随着数字经济的发展尤其是"东数西算"工程的推进，我国存储芯片领域还有较大的增长潜力，2023年市场规模约5400亿元，存储芯片产业链或许是我国未来的一个投资热点。其中，EEPROM、NOR Flash等小容量非易失性存储芯片具有利润低、技术门槛低等特点，国外企业已逐步退出，国内企业已经具备替代能力，聚辰股份和兆易创新等企业分别在EEPROM和NOR Flash领域占据全球第三的位置，可抓住机遇拓展国际市场。而DRAM、SRAM等大容量易失性存储市场集中度较高，美韩的三家企业技术布局较早，处于行业垄断地位，若盲目进入存在较大风险。**通信芯片方面**，未来5至10年，随着"东数西算"工程的建成运用以及数字化应用场景的拓展，数据的传输量将会呈爆发式增长态势，用于数据传输的通信芯片的需求或将出现大幅增长，通信芯片必将成为国内外芯片企业争夺的领域。下一步，要持续加强研发投入，保持通信芯片领域的创新能力和竞争优势。

2．光通信技术

（1）发展背景。

随着信息技术的不断发展和广泛应用，对数据存储和数据传输的要求越来越高，而传统的通信技术难以满足数据传输速度、信号质量、抗干扰性等方面的要求。1970年，美国康宁公司制造出第一根低损耗石英光纤，人类迈入光通信时代。与无线电波及其他通信方式相比，光通信技术具有传输频带宽、通信容量大和抗电磁干扰能力强等优点，因此受到各国的广泛重视。近年来，光通信技术已经广泛应用于通信网、互联网、广播电视网及光纤传感等专用网领域，并一直朝着大容量、长距离传输的方向发展。

（2）主要内容。

光通信是以光波为传输介质的通信方式。按照物理形态的不同，光通信器件可以分为光纤、光缆、光芯片、光组件、光器件（无源和有源）、光模块、光通信设备等，其中有源光收发模块在光通信器件中约占 65% 的产值份额。光模块是进行光/电和电/光转换的光电子器件，包含微控制芯片、激光驱动芯片、激光光源、光电二极管（将光信号转化成电信号）、跨阻放大器（实现信号放大）等。作为光通信产业链的中游和数据传输的重要环节，光模块在"东数西算"工程中承担着信号转换的任务，可以实现光信号的产生、信号调制、探测、光路转换、光/电转换等功能，是光通信器件的基石、数据中心的技术底座、信息网络建设的重要配套设备和升级基础。

（3）发展现状。

光通信技术具有传输速度快、通信容量大、损耗低、抗干扰能力强等优点，已经成为现代通信领域的重要技术，受到各国的广泛重视，广泛应用于电话、宽带、移动通信、数据中心、智能交通、智能家居等领域。目前，随着我国光通信行业基础设施建设的加快，我国已经成为全球光通信设备重要的生产销售基地，光通信设备也已经被列入国家发展和改革委员会、科技部、工业和信息化部、财政部等有关部门编制的《战略性新兴产业重点产品和服务指导目录》，成为重点支持的战略性新兴产业重点产品。

（4）趋势研判。

经过 50 多年的发展，光通信技术已逐渐成熟，但随着信息时代的到来，人们对通信速度、信号质量、通信安全等方面的要求越来越高，光通信技术具有广泛的应用前景，需要在理论和技术方面不断创新，推动光网络创新发展。"东数西算"工程涉及大量复杂的数据存储、数据传输，尤其对数据传输距离、数据中心密度、算力要求等方面具有较高的要求，其建设和运营将带动光模块、光通信设备需求的快速增长。未来，光通信技术将围绕优化光传输网络结构、提升单波速率、信道复用、大容量交换节点技术、推动全光网络泛在化、硅基光电子技术等方向发展，为"东数西算"工程建设、数据中心运营和算力调度提供高速度、大容量、低损耗、抗干扰的通信网络支撑。

第六节 技术成熟度

1. 技术成熟度概念

（1）技术成熟度的概念。

技术成熟度是指科技成果的技术水平、工艺流程、配套资源、技术生命周期等方面所具有的产业化实用程度。技术成熟度表明一个技术相对于系统或者整个项目而言所处的发展状态，用来推断各种新兴科技的成熟演变速度以及要达到成熟所需的时间。目前，技术成熟度已成为科技领域的一个重要参考指标，研究的对象已经拓展到多个细分领域。

（2）技术成熟度的内容。

一般来讲，技术成熟度主要包含两部分：技术成熟度曲线和优先级矩阵。**前者**涉及技术在创新、投资、成果转化应用等产业周期中所处的阶段。如图2所示，技术成熟度曲线由纵轴和横轴两个维度来共同描述。其中，纵轴为期望值轴，显示随着技术创新和产业投资的进展，市场对其未来预期价值的评估；横轴为时间轴，划分为主题驱动期、期望变化期、兑现萌芽期、技术光明期、产业成熟期五个阶段，显示新兴技术达到生产力成熟期或被市场主流采纳所需经历的几个发展阶段。**优先级矩阵**是一种用于描述任务或工作优先级的矩阵，可以帮助确定各个任务的优先级和重要性，从而帮助项目团队有效地分配资源和制订工作计划。投资优先级矩阵涉及投资效益评估和投资回报周期两个指标。投资效益评估表示某项技术创新投资所能带来收益的情况，可以分为革命性、高、中、低4个等级；投资回报周期表示相关技术被主流市场接受并产生商业价值或社会价值所需要的时间，一般划分为"2年以内""2至5年""5至10年""10年以上"四个阶段。本书以2024年为起点，将"东数西算"工程相关技术的投资回报周期划分到 2025 年、2030 年、2035 年及 2035 年以后四个时间点。

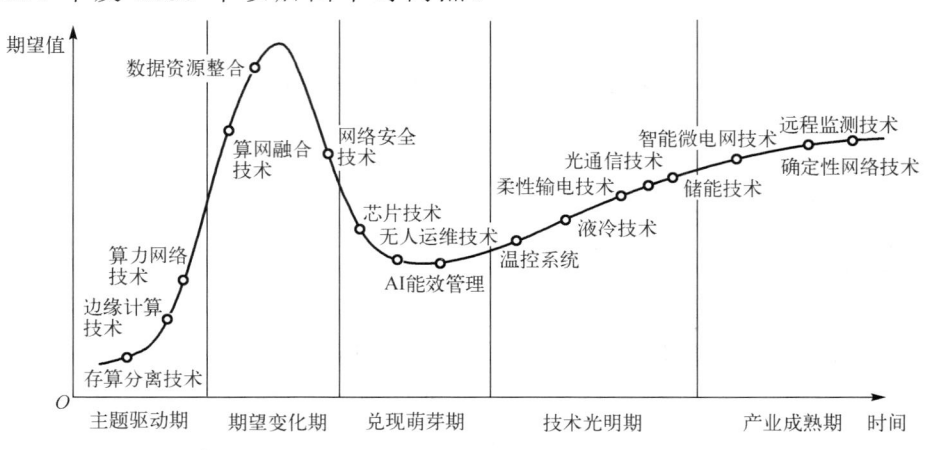

图 2 技术成熟度曲线

借鉴技术成熟度方法，研判"东数西算"工程相关技术所处的产业周期，运用成熟度曲线进行描述，从而直观了解"东数西算"工程相关的绿色节能类技术、算力网络类技术、智能运维技术、云计算技术、基础底座技术 5 大类技术中的 17 类新兴技术所处的发展阶段、回报周期和投资效益。

2．技术成熟度分析

（1）主题驱动期。

这是技术发展的第一阶段，驱动力量可以来自技术创新本身，也可以来自政策支持。在此阶段，新技术的创新突破、公开演示、产品发布及与之相关的活动都会引起媒体、行业及社会公众的广泛关注。目前，"东数西算"工程所涉及的 17 类主要技术中，处于主题驱动期的技术最多，主要包括存算分离技术、边缘计算技术、算力网络技术 3 类技术，可见相关技术整体还处于较早期阶段，投资规模仍将进一步扩大。

（2）期望变化期。

在这个阶段，政府、行业和媒体的关注会使技术创新和产业化应用取得一定的成功,但随着创新及应用的推进,也会存在一些失败的技术案例。"东数西算"工程中,属于期望变化期的技术包括数据资源整合、算网融合技术、网络安全技术3类技术,当前市场对其期望值较高,但面临较大的投资风险。

(3)兑现萌芽期。

技术创新和商业应用往往具有很大的风险性。在这个阶段,由于许多创新尚未达到行业期望,大量的相关企业会经营困难甚至退出市场,行业和媒体的关注度也会减弱。当前,"东数西算"工程刚刚起步,包括芯片技术、无人运维技术、AI能效管理在内的3类技术的创新和成果应用快速推进,企业和资本处于蜂拥进入的状态。未来,随着行业竞争的加剧和商业应用中问题的不断积累,部分技术和资金实力不强、战略路径不清晰、生产经营困难的企业或许会大量退出。

(4)技术光明期。

随着投资热度的衰退,仍然能够具有一定市场竞争力的技术或将进入技术光明期,逐步开始看到技术创新的曙光。在这个阶段,越来越多的企业在技术创新和实践探索的过程中,会真正了解到创新技术的适用性、风险和收益,而且越来越成熟的商用模式和越来越大的用户群体又进一步促进技术创新、简化开发过程,从而使得技术创新和成果转化的商业潜力开始得到释放。当前,"东数西算"工程中,温控系统、液冷技术、柔性输电技术、光通信技术、储能技术5类技术处于技术光明期,技术创新已经进入商业化应用的阶段,并取得一定的成效。

(5)产业成熟期。

经过多个阶段的竞争、整合和淘汰,新技术的工具方法和经营模式逐渐趋于成熟和稳定。在这个阶段,技术创新产生的实际利益逐渐被广大企业和用户所接受,社会价值也逐渐得到体现,新技术、高端人才以及资本、土地等要素资源逐渐向少数企业集聚,企业的市场占有率和利润水平不断提升。与此同时,企业盈利水平的提升,又会反过来促进新技术的创新和新模式的应用,产业发展逐步走上"技术创新—产业化应用—企业盈利—技术创新"的良性循环发展模式。当前,"东数西算"工程中,智能微电网技术、远程监测技术、确定性网络技术3类技术处于产业成熟期,已经形成较为成熟的应用模式。

从"东数西算"工程相关技术成熟度曲线来看,前三个阶段和后两个阶段对应的技术数量相当,说明"东数西算"工程部分技术整体较为稳定,其中处于前三个阶段的9类技术处于萌芽阶段,处于后两个阶段的8类技术较为成熟。尽管智能微电网技术、远程监测技术、确定性网络技术等相关技术的落地应用取得了一定的成功,但是从业务层面来看,"东数西算"工程尚处于起步阶段,仍然需要大量资金投入。

3. 优先级矩阵分析

根据"东数西算"工程相关技术的投资回报周期和投资效益两个指标,可以确定优先级矩阵,如图3所示。按照优先级矩阵,可以将"东数西算"工程涉及的17类技术从左上角到右下角划分为5个优先等级,越往左上,说明投资效益越高且投资周期越短;越往右下,说明投资效益越低且投资回报周期越长。

		2025年	2030年	2035年	2035年以后
革命性	高	远程监测技术	算力网络技术 算网融合技术	储能技术 网络安全技术	芯片技术
		温控系统	存算分离技术 数据资源整合 边缘计算技术	无人运维技术 光通信技术	
	中	液冷技术	柔性输电技术 智能微电网技术 确定性网络技术	AI能效管理	
	低				

图3 "东数西算"相关技术优先级矩阵

第三章 "东数西算"工程的技术图谱

第一是位于左上角的远程监测技术。远程监测技术使东部地区的工程师和操作员能够远程、动态地掌握数据中心的运营情况，一定程度上可以弥补西部地区数字人才缺乏和数字基础设施薄弱带来的问题。当前，我国数据中心的远程监测技术较为成熟，处于产业成熟期，而且具有投资回报周期短、经济与社会效益大等特点，2年内即可实现投资回报，能够极大提升我国数据中心安全运营水平，对数据中心发展带来革命性影响。

第二是算力网络技术、算网融合技术和温控系统。从投资效益来看，算力网络技术、算网融合技术也会对数据中心带来革命性影响。其中，算力网络技术能够以最低的成本支出，满足多样化的用户需求；算网融合技术通过将数据存储、通用计算、高性能计算三大业务融合部署在一张局域网上，实现全生命周期自动化和全网智能化运维。温控系统是数据中心的重要基础设施，是提升数据中心能源使用效率、降低PUE的关键，能够对数据中心可持续发展带来较高的影响。从投资回报周期来看，算力网络技术和算网融合技术投资回报周期需要更长一些，需要2至5年，而温控系统投资回报周期在2年以内。

第三是储能技术、网络安全技术、存算分离技术、数据资源整合、边缘计算技术和液冷技术。其中，储能技术是通过介质或设备把电能存储起来，在数据中心供电不足、断电或者电价较高时再释放出来，从而确保数据中心电力安全、稳定、低成本供给；网络安全技术可以有效保护数据中心硬件、软件、数据及其服务的安全，是数据中心安全稳定运行的重要保障。储能技术和网络安全技术的发展将会对数据中心以及经济社会发展带来革命性影响，但是投资回报周期会长一些，需要5至10年。存算分离技术可以将多源数据并行传输到存储系统进行分析和处理，可以提高IT系统的效率和灵活性，降低成本，同时满足不同类型企业不同的存储和计算需求；数据资源整合是把不同数据源的数据按照一定标准进行收集、整理、清洗，以提升数据分析和挖掘的效率；边缘计算技术采用网络、计算、存储、应用核心能力为一体的开放平台，就近提供最近端服务，能够产生更快的网络服务响应，满足行业在实时业务、应用智能、安全与隐私保护等方面的基本需求。存算分离技术、数据资源整合和边缘计算技术是数据中心的重要内容，会对数据中心产生较大的影响，而且投资回报周期在 2 至 5 年。液冷技术是以液体作为冷媒的制冷方式，将液体作为冷却介质，通过液体将发热元件内部产生的热量传递到设备外，使其能够快速有效地冷却，具有冷却效率高、散热效果好等优点，液冷技术对数据中心以及经济社会发展具有一定影响，而且投资回报周期较短，2 年内基本就能获得投资收益。

第四是芯片技术、无人运维技术、光通信技术、柔性输电技术、智能微电网技术和确定性网络技术。其中，芯片技术不仅对数据中心建设而且对我国经济社会发展都具有重要的战略意义，但是由于受美西方政策的影响，芯片技术的自主创新面临较大的困难，而且相关技术极其复杂，因此投资回报周期最长，或许需要 10 年以上；无人运维技术和光通信技术可以极大提升数据中心无人巡检准确度，变被动告警为预测性维护，最大限度降低数据中心运维风险和成本，提升数据中心资源使用率、运营收益和运营管理水平，但投资回报周期较长，需要 5 至 10 年；柔性输电技术、智能微电网技术和确定性网络技术可以为数据中心提供安全、稳定的电力供应和网络服务，保障数据中心的正常运营，而且投资回报周期较短，2 至 5 年即可见到成效。

第五是 AI 能效管理。AI 能效管理可在保障设备、系统可靠的基础上，实时诊断各个子系统的能耗，准确推理和配置出数据中心最优控制逻辑，实时调节系统参数，实现能源精细化管理、AI 优化控制、设备预测性维护等，有效改善数据中心的 PUE 水平。AI 能效管理需要数据中心建成之后进行大量能效管理学习和优化，因此其投资回报周期较长，估计需要 5 至 10 年的时间才能真正实现，并对数据中心高效、低碳运营产生一定影响。

第四章
"东数西算"工程的建设图谱

"东数西算"工程分为建设和运营两个阶段。在建设阶段，以园区土建、数据中心、信息网络等基础设施建设为主，将带动绿色能源供应、IT设备制造、软件和信息技术服务、网络通信以及数据中心配套资源等相关产业发展。

第一节 绿色能源供应系统

数据中心虽然不直接排放二氧化碳，但其是碳排放的重要来源。构建多能互补的绿色能源供给体系、降低数据中心碳排放水平，是实施"东数西算"工程的重要目标之一，对我国实现碳达峰、碳中和目标具有重要作用。"东数西算"工程的实施和运营将增加对绿色能源的需求，带动绿色能源供应的创新发展。

1. 发展现状

绿色能源是指不排放污染物、能够直接用于生产生活的能源，包括核能和可再生能源。近年来，我国高度重视清洁能源发展，明确提出了"二氧化碳排放力争2030年前达到峰值，力争2060年前实现碳中和"的目标，并制订了绿色能源发展计划。但是，直接使用核能为数据中心供电的比较少，大部分数据中心的电力来源以水电、风电、光伏、潮汐能、生物质能等为主，已经形成数据中心绿色能源供给体系。

(1) 政策体系日益完善。

近年来，我国高度重视绿色和可再生能源体系建设，不断在立法、规划和项目等方面加大支持力度。立法方面，为促进可再生能源开发利用，早在 2005 年全国人民代表大会常务委员会就通过了《中华人民共和国可再生能源法》，并在 2009 年对其进行了修改。规划方面，2022 年 6 月，国家发展和改革委员会、国家能源局等 9 部门印发《"十四五"可再生能源发展规划》，明确了可再生能源发展的顶层设计。项目方面，建成酒泉、哈密、张家口等千万千瓦级风电基地，在金沙江、雅砻江、大渡河等流域建设了一批大型水电站，在沙漠、戈壁、荒漠等地规划建设了大型风电光伏基地。2023 年，我国新增可再生能源装机规模 3.05 亿千瓦，占国内新增发电装机的 82.7%，是新增电力装机的主体。

(2) 产业规模快速提升。

近年来，我国可再生能源发电快速发展，以沙漠、戈壁、荒漠、海洋地区为重点的大型风电光伏基地建设进展顺利，可再生能源发电装机位居全球第一，年均增长速度达到了 13%。根据国家能源局的数据，2023 年，我国可再生能源发电累计装机突破 15 亿千瓦，占全国发电总装机的 51.9%，在全球可再生能源发电总装机中的比重接近 40%。其中，水电（包括常规水电和抽水蓄能）、光伏发电、风电累计装机容量分别达到了 4.2 亿千瓦、6.1 亿千瓦和 4.4 亿千瓦，分别连续 19 年、9 年和 14 年稳居世界首位。

(3) 消纳能力不断提高。

近年来，我国不断提升可再生能源利用水平，可再生能源发电的占比不断提升，清洁替代作用日益凸显。根据《中国可再生能源发展报告》，2022 年，我国可再生能源发电量达到 2.7 万亿千瓦时，占全社会用电量的比重达到 31.6%。其中，风电和光伏年发电量首次突破 1 万亿千瓦时，达到 1.19 万亿千瓦时，同比增长 21%，占全社会用电量的比重达到 13.8%。根据国家能源局的数据，目前我国可再生能源保持高利用率水平，全国主要流域水能平均利用率

98.7%，风电平均利用率 96.8%，光伏发电平均利用率 98.3%。

（4）产业优势日益凸显。

近年来，我国可再生能源技术装备水平大幅提升，水电、光伏、风电产业链国际竞争优势凸显。水电领域，具备全球最大的百万千瓦水轮机组自主设计制造能力，特高坝和大型地下洞室设计施工能力均居世界领先水平。风电领域，低风速、抗台风等风电技术位居世界前列，10 兆瓦以上大容量机组研发保持国际同步水平，国内风电装机 90% 以上采用国产风电机组。光伏领域，多种技术路线多次刷新电池转换效率世界纪录，光伏产业实现每 3 年一次技术和产线升级迭代，多晶硅、硅片、电池片和组件的产量分别占全球产量的 76%、96%、83% 和 76%。

（5）减污降碳成效显著。

可再生能源不排放污染物和温室气体，是天然的绿色低碳能源。2022 年，我国可再生能源开发利用规模较大，相当于节约了 3.32 亿吨标准煤，超过了我国全年煤炭进口量，减少二氧化碳、二氧化硫、氮氧化物排放量分别约 8698.4 万吨、28.22 万吨和 24.6 万吨，是我国减污降碳和保障能源安全的坚实力量。同时，我国积极推进有机废弃物等生物质能清洁利用，积极探索沙漠治理、光伏发电、种养殖相结合的光伏治沙模式，推动光伏开发与生态修复相结合，实现了可再生能源开发利用与生态文明建设的协调发展。

2．发展趋势

数据中心是耗电大户，绿色能源供给体系将为数据中心运营提供稳定的绿色能源供给，对电网系统、发电系统、储能系统都有较为严格的要求。近年来，随着绿色低碳理念的普及和能源供给技术的进步，数据中心绿色能源供应系统发展呈现以下趋势。

（1）绿电入网便利化。

目前，我国可再生能源供给量位列世界第一，但受输电技术、发电成本等因素的限制，大量可再生能源没有能够及时被电网消纳，弃水、弃风、弃电等现象时有发生。在这样的背景下，加快建设现代智能电网，促进微电网和分布式能源发展，是促进新能源发电入网、提高新能源发电利用率的关键。目前，我国已经构建全球规模最大的"新能源云"平台，接入风光场站超过283万座，为新能源规划建设、并网消纳、交易结算提供了全过程一站式服务。"十四五"期间，国家电网计划投入2.4万亿元，加强现代智慧配电网和新能源消纳体系建设，力争2025年跨省跨区输电能力达到3亿千瓦，2030年达到3.7亿千瓦，输送电量中清洁能源电量占比达到50%以上。

（2）电网运行智能化。

随着特高压等技术的逐渐成熟和用电量的持续增长，我国已经建成全球规模最大的输配电网络。但是，传统的电网运行以人工操作为主，存在管理效率低、响应速度慢、节能效果不明显等问题，难以适应形势发展的需要。近年来，随着信息通信、计算机、传感器、自动巡检等技术在电网领域得到广泛应用，电网的智能化水平得到很大提升。目前，智能电网已经成为电网技术发展的必然趋势，是经济社会发展的必然选择。智能电网将充分满足用户对电力的需求，优化电力资源配置，确保电力供应的安全性、可靠性、环保性和经济性，更好地适应分布式发电、储能技术、电动汽车快速发展的需要，为用户提供可靠、经济、清洁、互动的电力供应和增值服务。

（3）能源供给绿色化。

目前，我国电力以火电为主。2023年，我国燃煤发电量占国内发电量的比重达到58.5%，约占全球燃煤发电量的一半。如何发展绿色、低碳的可再生能源，降低燃煤发电的比重，是降低碳排放的重要措施，是我国能源行业的发展趋势，也是"东数西算"工程的重要任务。目前，"东数西算"工程规划的算力枢纽节点和数据中心集群都有丰富的绿色能源，如贵州、四川、重庆拥有丰富的水电资源，甘肃、内蒙古、宁夏的风能和太阳能资源比较富集。预计"十四五"期间，西部地区的风力发电、光伏发电等可再生能源装机将达到3亿千瓦，可为数据中心提供充足的绿色电能。因此，"东数西算"工程将带动可再生能源的生产、使用和消纳,推动我国能源供给体系的绿色化转型。

（4）储能设施规模化。

储能设施是数据中心电力供给系统的重要补充,是数据中心建设的重要内容,也是优化电力资源配置的重要手段。但是,目前的储能设施主要以铅酸电池为主,规模较小,储电有限,只能作为数据中心的"应急电源",难以满足数据中心大规模、长时间储能的需要,更难以承担作为优化电力资源配置手段的角色。随着数据中心数量的增加和算力规模的增长,规模化布局一批燃料电池、重力蓄能等新型储能设施,将成为数据中心储能的必然趋势。但是,目前数据中心储能技术和解决方案还存在较多的优化空间,需要继续在成本、应用条件、物理承载等方面持续改进,让储能系统既能保证数据中心平稳运行,又能通过"削峰填谷"来节约成本,还能促进数据中心节能减碳。

3. 发展重点

提升绿色清洁能源使用比例是数据中心建设和运营的重要内容,也是落实"双碳"目标、实现经济高质量发展的必然要求。绿色能源供给体系将为数据中心运行提供充足、稳定、绿色的电力供给,主要涉及电网建设、新能源发电、储能系统三方面的内容。

（1）增强电网调度能力。

受"西电东送"工程影响,目前的电网侧重于向东部地区输送电力资源,导致部分西部发电大省出现限电、断电等情况。比如,四川是传统水电大省,四川水力发电装机容量超过全国的 1/5,水电生产稳居全国首位,但受降雨减少、极端高温等因素影响,电力资源供求矛盾加剧。2022 年 8 月 14 日至 20 日,四川全省启动三级保供电调控措施,先对部分高载能企业实施停产,随后要求所有工业电力用户停产。因此,保障西部地区数据中心正常运营及相关产业发展的用电需求,应当成为电网系统调整和优化的重要方向。到 2030 年,我国数据中心总耗电量将接近 6000 亿千瓦时,相当于 2021

年的 3 倍。如果 60%的数据中心建设在西部地区，相当于西部地区数据中心每年至少还将增加约 300 亿千瓦时的电力需求，这为电网系统改造提出了明确的要求。下一步，要加强数据中心和电力网络一体化设计，推动可再生能源发电企业向数据中心供电，支持数据中心集群配套建设可再生能源电站。

（2）提升新能源发电能力。

推进能源消费绿色化、提高可再生能源比例是数据中心的发展趋势，也是实施"东数西算"工程的目标之一。2021 年 7 月，工业和信息化部印发了《新型数据中心发展三年行动计划（2021—2023年）》，明确要求新型数据中心可再生能源利用率逐步提高。根据国家统计局的数据，2023 年，我国风电、太阳能发电量 1.47 万亿千瓦时，占总发电量的 15.5%。到 2030 年，如果数据中心清洁能源比重翻一番，达到 30%，相当于"东数西算"工程的数据中心每年 6000 亿千瓦时的电力消耗中，将有近 1800 亿千瓦时的电力来自光伏、太阳能及其他新能源。目前，广东韶关已经提出了"全绿电"目标，"十四五"期间将规划建设两座 500 千伏新能源汇集站、五座 220 千伏变电站，实现 200 万千瓦水电和 100 万千瓦光伏、风电、生物质能源发电分散开发、就近消纳，将为粤港澳大湾区国家算力枢纽韶关数据中心集群建设提供更为可靠、绿色、智能的用电保障。

（3）完善储能系统。

数据中心是储能技术的重要应用场景之一。建立储能系统也是新型数据中心的必选项，是实现应急能源保障、优化电力资源配置、减轻电网波动的重要手段。一方面，储能系统是供电系统的重要补充，可以确保数据中心在供电不足甚至断电等紧急情况下的电力供应，维持数据中心的正常运营。另一方面，储能系统可以通过"削峰填谷"实现峰谷电价调节，充分利用当地的窝电、弃电，实现电力资源优化配置。《新型数据中心发展三年行动计划（2021—2023年）》明确提出支持探索利用锂电池、储氢和飞轮储能等作为数据中心多元化储能和备用电源装置；推动新型数据中心高效利用清洁能源和可再生能源、优化用能结构,助力信息通信行业实现碳达峰、碳中和目标。"东数西算"工程的实施将推动数据中心周边大规模储能基地的建设,从而带动电化学储能和氢能储能产业的发展。

(4)降低用电成本。

用电成本一直是数据中心运营成本的重要组成部分,降低用电成本成为各地数据中心运营的重要目标之一。2020年,国家发展和改革委员会等4部门发布的《关于加快构建全国一体化大数据中心协同创新体系的指导意见》明确要求"进一步降低数据中心用电成本"。降低数据中心用电成本有两条路径:一是减少数据中心能源需求总量,二是降低数据中心用电的价格。前者需要通过技术创新、模式创新来实现,后者可以通过峰谷调节、跨区域调度、建设储能系统等措施以及出台电费补贴等政策来实现。近年来,各地积极探索减低电价的举措,推动数据中心能源价格持续下降。目前,各数据中心的电价大都保持在0.35元/度左右,其中贵安新区直管区范围内大型数据中心(服务器10万台以上,机架6000架以上)实行0.35元/度的电价政策;雅安大数据产业园充分发挥四川的水电资源优势,水电装机1270万千瓦,大数据电价为0.34元/度。

第二节 电子信息制造

算力的核心是CPU、GPU、FPGA、ASIC等各类计算芯片,并由计算机、服务器、高性能计算集群和各类智能终端等作为主要承载。"东数西算"工程的实施将扩大计算机、通信和其他电子设备的市场需求,主要包括计算机、服务器、通信设备、计算芯片等产品,极大带动电子信息制造业的发展。目前,我国电子信息制造能力全球领先,但在操作系统等基础软件和高性能计算芯片等核心器件的细分领域与发达国家还存在一定差距。

1. 发展现状

电子信息制造业是在电子科学技术发展和应用的基础上发展起

来的战略性新兴产业，是国民经济的重要支柱。近年来，随着国内外市场需求的快速增长和国内企业创新能力的不断提升，我国电子信息制造业发展态势良好，产业规模和创新能力都得到了很大提升。

（1）产值规模稳定增长。

近年来，我国电子信息制造业出现持续快速增长的势头，产值规模保持快速提升的态势。根据工业和信息化部网站发布的数据，2012—2023年，我国电子信息制造业保持稳定增长趋势，营业收入从7万亿元增长到15.1万亿元，年均增速达到了7.24%。2023年，我国电子信息制造业生产效益稳步回升，电子信息制造业增加值同比增长3.4%，增速比同期高技术制造业高0.7%，电子信息制造业实现利润总额6411亿元，成为我国经济增长的重要支柱和产业结构升级的重要动力。

（2）创新能力显著提升。

近年来，我国充分发挥新型举国体制优势和超大规模市场优势，持续推进核心技术攻关，加大集成电路、新型显示、5G等领域的研发投入，电子信息制造业创新活跃度和创新能力持续提升，技术创新成果密集涌现。视听领域，8K链条加速成熟，HDR、三维声、高速数据接口等自主技术标准取得突破；5G领域，全面完成IMT-2020（5G）推进组5G-A关键技术测试，多项技术性能取得重大突破；锂电领域，半固态电池实现小批量试产应用；先进计算领域，计算架构、计算芯片、基础软件等关键技术加快实现自主突破；新型显示领域，超小间距LED、量子点、光场显示等前瞻显示技术不断升级和突破。

（3）投资规模快速增长。

电子信息制造业属于战略性新兴产业，具有发展基础好、增长速度快、发展前景好、带动效应强等特点，是政府鼓励投资、企业愿意投资的重要领域之一。但是，近年来，我国电子信息制造业受到美西方国家政策的影响，产业链、供应链的安全稳定受到挑战。在这样的背景下，电子信息制造业日益受到重视，尤其是集成电路、电子器件、电子材料等上游基础领域成为企业和投资者关注的重点。2023年,在各级政府、产业基金和企业的共同努力下,我国电子信息制造领域的固定资产投资保持平稳增长,同比增长9.3%,比同期工业投资增速高出0.3%,成为经济下行压力不断加大背景下推动制造业转型升级的重要举措和拉动经济增长的重要支撑。

2. 发展趋势

电子信息制造业是数据中心的重要支撑,将为数据中心建设和运营提供硬件保障。"东数西算"工程的实施,将带动数据中心设备、通信类IT设备等方面的巨大硬件投入,从而扩大电子信息制造业的市场需求,促进电子、通信、计算机等领域的技术创新和产品迭代升级。

(1) 算力需求呈现多样性。

数据中心承担着各类业务数据、信息的运算、存储和传输任务,需要配备大量高性能高密度服务器、交换机、路由器、存储系统等设备。首先是人工智能、大数据、云计算等技术的快速发展,使得数据中心的算力需求呈现多样性特点,以满足不同应用场景下的计算需求。多样性算力的集成,不仅提高了数据中心的灵活性和适应性,也对数据中心的设备和系统的管理调度提出更高的要求。其次是数据中心规模的不断扩大、计算资源数量的增加以及应用场景的多样化,要求数据中心具备高速、低延迟的互连能力,以满足各类计算任务的高效协同。最后是高速互连技术将推动数据中心内部的算力协同,进一步提高整体计算效率。未来,随着人工智能技术的快速发展,智能算力将成为增长驱动力,以AI芯片为主的高效率、低成本、大规模的智能算力基础设施将推动算力结构持续调整。

(2) 算网融合成为新趋势和新业态。

数据中心的建设与发展将极大促进通信设备及网络的加速升级。根据IDC的长期预测,2021—2025年,数据中心的高速增长将主要来自400G和800G端口的网络设备。一方面,随着5G、人工智能等技术的快速发展，数据中心通信网络需要更高的带宽和更低的延迟，算网融合成为满足这一需求的有效途径。将计算和网络资源进行整合，可以实现数据中心的优化调度和资源利用率的提升，从而满足各类业务的高性能需求。另一方面，数据中心网络架构呈现扁平化和智能化发展趋势。传统的数据中心网络架构采用三层路由组网，存在一定的故障传播风险和收敛慢的问题。未来，数据中心网络采用新型网络架构和算法，提高网络的可扩展性和故障恢复能力。

（3）数据中心云化将带动光模块需求增长。

目前，我国中西部地区仍有大量传统数据中心采用"接入+汇聚+核心"的传统三层架构，光模块的需求量大约为机柜数量的 8 到 9 倍。随着国家大力支持绿色低碳的新型数据中心建设，其架构从三层汇聚向两层叶脊架构升级，云数据中心光模块数量或超过机柜数量的 40 倍。未来，随着自动驾驶、人工智能、元宇宙等技术的发展和广泛应用，中西部数据中心将承接更多云计算、AI 训练等应用服务，传统数据中心有望加快云化升级，进而极大增加光模块需求。

（4）数据中心扩容提高节能降耗技术需求。

数据中心作为算力网络的重要底座，也是能耗最多的行业之一。国际能源署报告显示，全球数据中心行业占用了全球 3% 的电力，每年使用电量超过 900 亿千瓦时。随着数据中心数据量、计算量、传输量的快速增长，数据中心规模也日益庞大，能耗日益上升，节能降耗需求不断扩大。同时，服务器机组功率密度的提高也为液冷技术规模应用提供了机遇。预计到 2025 年，互联网行业液冷数据中心占比达到 24%，金融行业占比达到 25%。未来，国家政策对 PUE 的要求以及单机柜功率密度的提升都将加快液冷的发展和普及，液冷技术在未来会成为数据中心的重要发展趋势之一。

3．发展重点

近年来，新冠疫情的蔓延和中美经贸摩擦使得国内企业在获得西方核心零部件、构建全球供应链体系方面面临巨大的风险和挑战。

第四章 "东数西算"工程的建设图谱

在这样的背景下,建立安全、稳定、高效的国内供应链体系成为各国产业布局的重要方向。

(1)加快核心技术研发。

当前,尽管我国已经成为全球最大的电子信息制造基地,但我国在操作系统、高性能芯片等方面与西方发达国家还存在较大差距,尤其是高性能芯片方面缺乏高端人才储备、关键核心技术和成熟制造能力,严重依赖国外进口,随时面临被西方国家断供的风险。为此,要推进"东数西算"工程的高质量建设,必须加快高端芯片、软件、操作系统等关键核心技术攻关,面向大规模数据处理、内存计算、智能化计算引擎、高并发高吞吐计算、科学计算等共性需求,争取在存储芯片、超高速光收发模块专用芯片、功率半导体芯片、传感芯片、光纤传感网络用特种光芯片与器件等关键核心技术领域实现突破,彻底解决 IT 设备领域长期面临的"缺芯""少魂"问题。

(2)打造本土供应体系。

在可预见的未来,中美经贸摩擦仍将持续。因此,推动 IT 设备制造产业本土化发展,建立完全自主可控的供应体系,是确保产业链、供应链安全稳定的重要保障。为此,要在加强核心技术攻关的基础上,加强产业链、供应链体系建设,不断提升进口零部件、元器件的国产化水平,建立完全自主可控、安全可靠的产业链供应链体系,降低关键零部件和核心元器件的"断供"风险。

(3)提升原始创新能力。

数据中心和算力网络的建设,其基本原理和技术基础都来源于西方,即便未来发展得再好,也只是在原有路径的技术追赶。因此,要实现真正意义上的技术赶超,首先,加强基础科学研究,突破一批制约数据中心和算力创新发展的共性关键问题,引导高校、科研院所提升在通信、计算机、人工智能等基础领域及相关交叉学科的原始创新能力,夯实技术创新的基础。其次,加大前沿技术研发投入,积极抢占云计算、大数据、人工智能、元宇宙等新一代信息技术等前沿领域的发展先机,围绕量子计算、类脑计算、光子计算、生物计算等颠覆性计算技术领域，加快计算科学与量子信息科学、脑科学、生命科学等领域的融合创新，争取实现"弯道超车"。最后，争取在"无人区"进行探索，储备量超融合、量智融合、量网融合等前沿计算技术标准专利，抢占发展先机，最终实现"换道超车"。

（4）推动产品技术应用。

个人计算机、智能手机、平板电脑等电子产品属于典型的软硬件结合产品，对产品生态构建和软件迭代速度有很高的要求。因此，电子产品的技术创新对用户规模和应用反馈提出了较高的要求，需要不断地扩大用户数量，及时收集用户对产品的需求反馈和问题反馈，并以解决问题和填补漏洞为目标引导技术研发和产品升级，不断提升产品的性能和竞争力。为此，要大力发展电子信息制造业，积极支持电子信息产品扩大市场规模和用户规模，构建完善的产业生态，构筑车载终端、人工智能终端、智能工程机械终端、虚拟现实终端、移动智能终端等新型计算产品体系，迭代基于成熟工艺硬件的计算系统，面向5G、AR/VR、超高清、智能驾驶、智能制造、智慧城市、智慧能源等应用领域，打造具有国际竞争力的行业级计算产品，引导电子信息产品的使用和问题反馈，从而促进技术升级和产品迭代。

第三节 软件和信息技术服务

软件和信息技术服务是指满足需方信息技术需求的服务产品与服务过程的总称，涉及软件开发、集成电路设计、信息系统集成和物联网技术服务、运维服务、信息处理和存储支持服务、信息技术咨询服务、数字内容服务、信息技术外包、业务流程外包等。近年来，我国软件领域头部企业快速发展，技术创新力、生态运营力和国际竞争力不断提升，成为引领我国软件产业创新发展的重要力量。数据中心的建设涉及超大规模分布式存储、弹性计算、硬件资源虚拟化、异构资源调度、异构数据管理、数据中心运行监测和安全防控等软件产品和解决方案,将带动基础软件、应用软件等创新突破,助力推动软件产业高质量发展。

1. 发展现状

软件是新一代信息技术的灵魂,是数字经济发展的基础,是制造强国、网络强国和数字中国建设的关键支撑,对推动"东数西算"工程高质量建设和发展具有十分重要的意义。近年来,随着我国信息化建设步伐的加速推进,尤其是数字政府、电子商务、智能制造等领域的快速发展,为软件产业发展带来了广阔的市场空间,带动了我国软件产业的高速发展,市场规模、创新能力和国际竞争力得到大幅提升。

(1)规模效益快速增长。

过去十年,我国软件和信息技术服务业的业务收入年均增速达到16%,增速位居国民经济各行业前列。2023年,我国软件业务收入达到12.33万亿元,同比增长13.4%,增速较上年同期提高2.2%;实现利润总额14591亿元,同比增长13.6%,增速较上年同期提高7.9%,主营业务利润率提高0.1%至9.2%。其中,工业软件产品收入增长提速,有力支撑制造业数字化转型。2022年,工业软件产品实现收入2428亿元,同比增长12.3%。

(2)创新能力不断提升。

软件和信息技术服务业创新体系基本建立,新技术、新产品、新模式、新业态快速发展,促进生活方式、生产方式、社会治理加速变革。操作系统、数据库、中间件、办公软件等基础软件陆续实现突破,取得一系列标志性成果,5G、云计算、人工智能、区块链等新兴平台软件达到国际先进水平,高精度导航、智能电网、智慧物流、小程序等应用软件全球领先。产业集聚效应不断释放,2008年以来,我国推动建设了南京、济南、成都、广州、深圳、北京、上海、杭州等14个"中国软件名城",集聚了一大批具有较强创新能力的软件企业,业务收入占全行业的比重超过70%,惠企政策更加健全,投资、知识产权、人才培养等公共服务体系持续优化。

(3) 开源生态逐步完善。

开源开放是加速技术创新和生态发展的有效手段，是推动软件产业创新和赋能数字经济高质量发展的原动力。在各方力量的推动下，我国开源建设日益受到重视，开源生态体系逐步完善。开放原子开源基金会、开源代码托管平台等基础设施陆续建成，运营能力不断提升。开源参与者队伍不断扩大，人员数突破800万，位居全球第二，增长速度全球第一。开放鸿蒙、开放欧拉等一批具有行业影响力的开源项目加速孵化，为技术创新和经济社会发展注入了生机活力。其中，百度和华为先后捐献百度超级链 XuperChain、OpenHarmony 等开源项目，孵化了阿里巴巴物联网统一操作系统 AliOS Things、腾讯企业级容器编排引擎 TKEStack 等一批具有发展潜力的开源项目。

(4) 骨干企业实力提升。

近年来，随着我国软件产业的持续快速发展，软件和信息技术服务企业的创新能力不断提升，在 5G、云计算、文化创意、互联网平台等领域形成了以腾讯、华为、阿里巴巴、百度、浪潮、中软、东软、用友等为代表的一批具有国际竞争力的头部企业和知名品牌，在推动制造业数字化转型、赋能实体经济变革中发挥着十分重要的作用。2023 年，全国软件和信息技术服务业规模以上企业超过 3.8 万家，成为我国数字产业的重要组成部分和数字化转型的重要推动力量。

(5) 人才队伍快速成长。

软件人才是软件产业发展的核心要素，软件产业的竞争根本上是人才的竞争。近年来，我国不断加大软件人才培养力度，2022 年，教育部、工业和信息化部联合公布了首批特色化示范性软件学院名单，启动建设了包括北京大学软件与微电子学院、清华大学软件学院、北京航空航天大学软件学院等在内的 33 家特色化示范性软件学院，为软件产业发展提供了充足的人才保障。赛迪智库估算，2022 年，我国软件业从业人员数量为 717 万人，同比增长了 4.0%，成为我国数字化转型和高质量就业的重要支撑。但是,随着数字化转型的推进和数字经济的发展,我国软件人才需求持续增长,关键软件领域人才新增缺口不断拉大,预计到2025年,我国关键软件领域新增人才缺口达到83万,加强软件产业人才队伍建设已成为产业高质量发展的关键。

2. 发展趋势

数据中心是国家重要的信息基础设施,是支撑软件和信息技术服务业发展的关键载体。"东数西算"工程的实施,将全面提升全社会信息技术发展和应用水平,给软件和信息技术服务业的发展带来重大机遇。

(1) 基础软件迅速发展。

基础软件是操作系统、数据库、中间件等的统称,是整个软件系统的"主板"。"东数西算"工程的实施,就是要把东部地区的算力需求有序引导到西部地区,众多IT软硬件产品将成为工程实施的重要内容。在这个过程中,基础软件作为所有底层硬件与上层应用软件系统之间的"桥梁",对整个IT架构的稳定运行具有重要的支撑作用。"东数西算"工程将为基础软件产品和服务商提供重要的发展平台,也将对基础软件的性能、稳定性、安全性提出考验,倒逼服务商不断增强基础软件技术和架构能力,持续丰富基础软件应用生态,全面整合基础软件产业链上下游资源,提升产品适配性、稳定性和生态丰富度。

(2) 行业应用快速推进。

与垂直行业的融合应用,是软件产业创新发展的最终目标和动力来源。近年来,随着经济发展模式的转变,农业农村、交通运输、工业制造、卫生健康、工程建筑等传统行业转型升级的速度不断加快,这将带动软件和信息技术服务与垂直行业的深入融合,并推进信息技术服务新技术、新业态、新模式的形成。"东数西算"工程的实施,可以加速新一代信息技术在行业应用场景的创新应用,促进软件和信息技术服务与实体经济的融合,并诞生工业软件、BIM等行业应用软件，提升产业链、供应链现代化水平，推动传统产业向高端化、智能化、绿色化及服务型制造发展，加快企业数字化转型。

（3）产业变革持续深化。

近年来，随着数字经济的快速发展，我国软件和信息技术服务业进入快速创新、频繁迭代、群体突破的集中爆发期。技术创新方面，随着云计算、大数据、人工智能等技术的快速发展和融合创新，先进计算、虚拟现实/增强现实、神经科学等技术开始加速突破和融合应用，软件的技术架构、计算模式、开发模式、产品形态和商业模式开始重构。业务创新方面，随着技术创新步伐的加快，软件和信息技术服务快速向平台化、智能化、服务化、生态化转变，新技术、新产品、新模式、新业态日益涌现。产业竞争方面，随着开源、众包等创新模式成为主流，产业竞争逐渐由单一技术、单一产品、单一模式的决胜加快向多技术、集成化、融合化、平台系统、生态系统的竞争转变。

（4）国产替代快速推进。

信息技术领域的融合创新和产品应用正在成为新形势下应对外部封锁打压、推动信息技术产业创新发展的重要动力。近年来，我国不断加强软件、CPU、操作系统等软硬件的国产化步伐，构建了相对完善的国产供应链体系，能够为数据中心建设提供安全的软硬件支持和网络生态环境。"东数西算"工程作为国家级重大项目，必将为我国信息技术领域产品和服务的创新应用提供重要的市场空间，推动国产CPU、操作系统、云平台等软硬件产品和服务的应用，加速构建自主可控、安全可靠的信息技术服务体系，推动软件等信息技术产业的高质量发展。

3．发展重点

"东数西算"工程与软件和信息技术服务业的发展密切相关，强大的市场需求将带动产业实现创新突破和高质量发展。下一步，应发挥政府引导、市场主导作用，加强基础软件、应用软件领域提前布局，在标准研制、行业应用、国产替代等方面持续发力。

第四章 "东数西算"工程的建设图谱

（1）完善标准体系建设。

当前，软件和信息技术服务业发展将迎来新一轮增长，但行业标准和测评认证体系尚不健全，技术、管理、应用、服务等环节还缺乏明确的规范依据，将在很大程度上制约产业健康发展。应加快打通跨行业协议标准，加强跨部门、跨行业、跨领域标准化重要事项的统筹协调，建立健全相关标准化组织合作机制。加强软件和信息技术服务领域标准研制，加快构建软件产品质量管理标准，完善信息技术服务标准体系，引导软件和信息技术服务业企业开展质量评价和品牌建设。推动软件和信息技术服务标准的宣贯实施和应用示范，提升信息技术服务的标准化、规范化水平。鼓励企业参与软件和信息技术领域国家标准、行业标准和团体标准研制，促进服务协议互通和标准互认。

（2）加大技术研发力度。

加强政产学研用协同攻关，加速软件和信息技术服务领域的技术创新、模式创新、制度创新，构建协同联动、自主可控的产业创新体系。夯实软件产业发展基础，提升软件产品开发环境、开发工具、开发平台等产业链上游基础实力，补齐产业发展短板。提升软件产品开发能力，加强工业软件、应用软件、平台软件、嵌入式软件等软件产品的开发投入，增强软件产品供给能力。充分调动企业创新积极性，支持软件行业头部企业、科研院所、用户单位组建创新联合体，建设软件产业创新平台，围绕典型应用场景、关键核心技术、重点软件产品开展攻关，提升软件产品创新能力。

（3）完善开源生态体系。

开源是软件产业发展的方向，也是软件产业发展的重要保障。目前，我国软件领域的开源仍处于起步阶段，具有影响力的开源项目还较少。下一步，要加快优化开源项目发展环境，加强开源理念的宣传，积极开展开源理念、法律、制度等科普和培训活动，普及开源软件文化，提升政府、行业组织、企业、社会公众对开源理念的认识。研究制定开源标准和认证体系，强化开源项目知识产权保护体系建设，推动企业开源商业模式加快成熟，支撑企业开源生态可持续发展。鼓励行业头部企业共建开源社区，支持具有核心技术和创新能力的中小企业通过开源的方式加速技术交流，共同促进行业发展。

（4）加快国产应用步伐。

好的软件产品是用出来的。要加快推动操作系统、数据库、中间件、云平台、大数据分析平台等体系化发展，培育国产化软件应用生态。支持用户单位与软件开发企业联合开展应用适配攻关，健全软件产品测试评估和综合保障体系，提升系统开发、集成服务和运维保障能力，提高国产软件产品供给能力和质量水平。鼓励汽车、船舶、办公等重点领域率先开展软件产品应用试点，为国产软件产品提供应用场景，形成一批可复制、可推广的软件产品解决方案。加大国产软件在政府机关、国有企业、事业单位等财政预算单位的应用推广力度，提升国产软件产品的采购比例，扩大国产软件产品用户数量规模。

第四节　网　络　通　信

网络通信是通过网络将各个孤立的设备进行连接，通过信息交换实现人与人、人与计算机、计算机与计算机之间的通信。网络通信产业涉及通信设备制造业、电信运营服务以及光通信行业三个细分市场。其中，通信设备制造业主要由核心网设备、网络覆盖设备和终端用户设备三部分构成，代表性企业有华为、中兴通讯、小米集团等；电信运营服务市场主要由中国移动、中国电信和中国联通三大电信运营商经营；光通信是采用光纤作为主要传输介质来实现用户信息传输的通信技术的总称，具体包括光纤光缆、光器件/光模块、光主设备等光通信产品，以及光网络的规划、建设和优化等网络服务，代表性企业包括烽火通信、长飞光纤、亨通光电、富通信息、中天科技和通鼎互联等。

第四章 "东数西算"工程的建设图谱

1. 发展现状

网络通信发展水平是反映一个国家基础设施建设的重要指标。近年来，我国高度重视网络通信，不断加强基础设施建设，加大研发创新投入，为互联网和数字经济的发展打下了坚实基础。目前，凭借完善的基础设施、庞大的用户规模和强大的创新能力，我国已经建成全球规模最大、技术最先进的光纤和移动通信网络，网络质量达到甚至优于世界发达国家水平。

（1）基础设施跨越发展。

近年来，我国已经建成了全球规模最大的光纤和移动通信网络，固定网络逐步实现了从十兆到百兆再到千兆的跃升，移动网络实现了从3G突破到4G同步再到5G引领的跨越。2023年，三家基础电信企业和中国铁塔共完成电信固定资产投资4205亿元，比上年增长0.3%；新建光纤线路长度473.8万千米，全国光纤线路总长度达6432万千米；全国移动通信基站总数达1162万个，其中5G基站有337.7万个，占移动基站总数的29.1%；3家基础电信企业为公众提供服务的互联网数据中心机架数量达97万架，全年净增15.2万架。

（2）网民规模不断壮大。

长期以来，我国人口数量位居全球前列，网民群体整体较为年轻而且文化程度较高，具有接受新事物快、消费能力强等特点，是我国互联网产业发展的天然优势。根据《中国互联网络发展状况统计报告》，截至2023年6月，我国网民规模达到了10.79亿人，较2022年12月新增1109万人；互联网普及率达到76.4%，较2022年12月提升了0.8%。2023年6月，20～29岁、30～39岁和40～49岁的网民分别占24.5%、25.6%和18.2%，50岁以上的网民仅占17.3%。

（3）业务收入稳步增长。

近年来，依托庞大的市场规模和用户群体，我国电信业务收入呈现快速增长趋势，信息通信业规模不断壮大。2012年到2023年间，我国电信业务收入从1.08万亿元上升至1.68万亿元，增长了

55.6%。其中，数据中心、云计算、大数据、物联网等新兴业务快速发展，2023 年，我国共完成业务收入 3564 亿元，比上年增长了 19.1%，在电信业务收入中的占比达到 21.2%，不仅拉动电信业务收入增长了 3.6%，而且为教育、医疗、交通、能源、采矿等领域赋能、赋智、赋值，促进了数字经济与实体经济的融合发展。

（4）龙头企业加速成长。

近年来，我国网络通信领域发展迅速，企业综合实力和国际竞争力不断增强，在创新能力、市场份额等方面都具有很强的竞争力。目前，我国通信设备龙头企业快速成长，已经涌现出以华为、中兴通讯等为代表的一批龙头骨干企业，腾讯、阿里巴巴等 10 家企业跻身全球互联网企业市值前 30 强。尽管受美西方国家政策的影响，华为仍然保持较高的市场竞争力。2023 年，华为销售收入超过 7000 亿元，在美国《财富》杂志发布的"世界 500 强"中，华为位居第 111 位。

2．发展趋势

信息网络是数字经济时代的重要基础设施，是优化国家算力资源布局的重要通道。"东数西算"工程的建设和运营将极大地带动网络通信基础设施建设，促进网络通信技术进步，推动网络通信产业实现跨越式发展。当前，随着"东数西算"工程的建设和运营，网络通信产业呈现以下发展趋势。

（1）业务结构发生深刻变化。

"东数西算"工程启动后，大量运营商开始着手布局数据中心和算力中心等信息基础设施，充分发挥其云网融合优势，实现由"通信管道商"向"数据基础设施提供商"的角色转变。一方面，传统业务能力不断提升。运营商依托其信息网络优势，不断优化业务结构，拓展业务范围，提升业务能力，实现传统电信业务的高质量发展。另一方面，新兴业务不断拓展。在国家财政、电力、土地等政策的支持下，运营商将数据中心集中布局在 8 大算力枢纽节点，引导企业在周边集聚，探索和创新业务模式，切实提升算力资源的利用和分配效率。

（2）光通信产业需求快速增长。

信息网络基础设施建设是"东数西算"工程的首要任务，也是优化算力资源布局的重要保障。无论将数据传输到西部地区是进行存储还是进行计算、处理，都需要建设高速的网络通道。全光网能更好地实现低时延传输需求，且其光交叉连接技术相比传统的传输技术可节约90%的机房空间，降低60%的设备功耗，技术和产业优势明显，能够满足"东数西算"工程对高速率、低时延、大连接、绿色低碳的通信需求。因此，"东数西算"工程的实施将带动光通信网络的快速增长。

（3）新模式新业态不断涌现。

"东数西算"工程在提升全国算力水平、优化算力资源布局的同时，也将进一步缩小数据中心与传统企业的距离，让运营商能够更加贴近用户，更加了解客户的实际需求。在这样的背景下，运营商能够更好地为下游用户提供个性化解决方案，促进更多传统企业数字化转型，助力孵化新产业、新业态和新模式，并不断根据用户的实际需求及时做出调整，提升与用户需求的匹配度，增强用户黏性，形成更长的收益链，从而实现数字经济与实体经济的深度融合。

（4）网络安全将备受关注。

近年来，网络安全的重要性日益突出，越来越受到各国政府的关注。例如，2021年，美国大型成品油管道商科洛尼尔管道运输公司遭受了勒索软件攻击，美国东部和南部沿岸17个州和华盛顿特区的成品油供应受到影响。目前，我国网络安全整体投入偏少，原始创新能力不足，难以满足我国数字经济快速发展的需要。"东数西算"工程的建设和运营，涉及海量数据的传输与存储，网络安全面临较大风险。下一步，我国将持续加大中西部地区网络、系统、信息、数据等安全设施建设投入，重点包括关键信息基础设施安全保护、网络安全实时监测、事件应急处置、数据资源池安全稳定等方面。

3. 发展重点

信息网络是"东数西算"工程建设的重要内容，也是数据中心和算力中心高质量运营的重要保障。下一步，国内企业可以重点关注 5G 应用、算力协同、数实融合等领域，推动网络通信产业和数字经济的高质量发展。

（1）深化 5G 应用。

5G 是具有高速率、低时延和大连接特点的第五代宽带移动通信技术，5G 通信设施是实现人机物互联的网络基础设施。迄今为止，5G 的用户体验速率达 1Gbit/s，时延低至 1ms，用户连接能力达 100 万连接/平方千米，在工业互联网、车联网、远程医疗、智慧矿山等领域具有较大的发展潜力。但是，目前 5G to B 行业应用的广度和深度仍需加强，5G 应用商业转化、规模化复制的效率还有待提高，5G 的应用效能相对不足，5G 赋能千行百业刚刚起步。下一步，要充分挖掘 5G 在千行百业的发展空间和应用潜力，发挥高速网络对行业发展的赋能、赋智、赋值作用，积极推动 5G 技术在工业、交通、能源、矿山、教育、医疗、文旅等行业和领域的深度应用，及时总结和积极推广工业互联网、车联网等相对成熟的 5G to B 业务模式，推动 5G to B 业务的深度应用。

（2）强化算力协同。

国家算力枢纽节点是全国一体化算力网络体系的重要组成部分，推动全国算力枢纽节点和整个全国一体化算力网络体系的协同是提升算力供给水平、优化算力资源布局的重要内容。当前，"东数西算"工程已经在全国布局了 8 个算力枢纽节点和 10 个数据中心集群。但是，从目前的建设情况来看，8 个算力枢纽节点和 10 个数据中心集群的统筹协调力度还不够，各自为战、重复建设、相互竞争的问题较为严重，数据中心集群协同发展的优势尚未形成。下一步，要加强算力资源协同，在已布局国家算力枢纽节点和数据中心集群的基础上，统筹推进算力供给站、网络试验线、算力调度网、数据要素场、安全防护盾等算力基础设施的一体化建设，构建覆盖全国、联动协同、稳定高效、绿色低碳的算力网络体系，切实提升算力水平、优化算力结构、提高计算效率。

（3）推动数实融合。

经过多年建设发展，通信网络已在网络设施、用户普及、行业实践、商业运营等方面打下了良好的基础，成为我国新时期数字经济发展的基础底座和重要内容。但是，目前网络通信主要在信息传输、电子商务、社会治理等领域的应用较多，而与制造业和实体经济的融合不够，在企业端、产业端的应用还不足。下一步，应充分发挥通信网络在稳增长、促发展中的重要作用，推动经济社会实现高质量发展。一方面，要持续加大信息网络基础设施建设，引领和带动工业互联网、物联网、车联网等相关领域的信息基础设施建设投入，进一步夯实数字经济发展底座，促进数字产业化发展。另一方面，要充分发挥信息网络对经济社会发展的促进作用，切实提升通信网络"信息大动脉"连接能力和数智化赋能效应，加快推进产业数字化步伐，促进数字经济与实体经济的深度融合。

第五节 数 据 中 心

数据中心是用于在网络上传递、加速、展示、计算和存储数据信息的物理场所，包括主机房、辅助区、支持区和行政管理区等。数据中心可分为国家数据中心（NDC）、企业数据中心（NDC）和互联网数据中心（IDC）。数据中心产业链由上游基础设施、中游运营服务及解决方案提供商、下游终端用户三部分构成。其中，上游基础设施包括服务器、光模块等IT设备及电源、制冷设备、机柜等非IT设备；中游运营服务和解决方案包括为数据中心提供集成服务、运维服务等整体解决方案及提供云服务等相关服务的供应商；下游终端用户涉及互联网、金融、软件、电力、工业、医疗、交通等多个行业。

东数西算：国家战略与投资机遇

1. 发展现状

数据中心对存储数据资源、提升算力水平、赋能实体经济具有重要作用。进入 21 世纪以来，尽管我国数据中心建设步伐不断加快，但仍然难以满足我国数字经济发展的需要。"东数西算"工程的实施，将加速数据中心的投资建设，带动数据中心相关产业的发展。当前，我国数据中心行业发展较为迅速，但还是以东部沿海地区为主，中西部地区发展较为滞后。

（1）行业发展速度快速提升。

在数字经济时代，数据是与人才、土地、科技等要素同等重要的战略资源，已经得到社会各界的广泛认可和高度重视。近年来，我国不断加大数据中心和算力中心建设投入，加强全国一体化大数据中心体系建设，数据中心服务业市场规模呈快速增长趋势。一方面，信息基础设施建设稳步推进。根据工业和信息化部的数据，截至 2023 年 6 月底，全国在用数据中心算力总规模达到 197 EFLOPS，算力总规模近五年年均增速超过了 30%。另一方面，互联网络架构得到持续优化。2022 年，全国新增建设了 5 个国家级互联网骨干直联点，互联带宽达到 38TB，建成 4 个新型交换中心，全方位、多层次、立体化网络互联架构加速形成，网络服务性能达到了国际先进水平。

（2）市场竞争格局基本形成。

数据中心企业是指从事数据中心建设、管理、运营、服务等相关业务的企业，是数据中心建设和运营的主体。目前，数据中心企业的数量较为稳定且分布比较集中，反映出数据中心市场竞争格局趋于稳定。一方面，数据中心企业数量稳定。近年来，我国数据中心企业数量增长速度较低，基本维持在 14500 家左右的水平。根据上奇产业通的数据，2023 年，全国数据中心企业数量为 14576 家，其中上市企业、国家级专精特新企业、国家级高新技术企业数量分别为 285 家、2462 家和 5558 家，占比分别为 2.0%、16.9% 和 38.1%。另一方面，数据中心企业分布较为集中。我国东部地区经济较为发达，数据中心需求较大。目前，江苏省、北京市、广东省、上海市和浙江省的数据中心企业数量位列前五,分别有 1966 家、1805 家、1328 家、1245 家和 1185 家,分别占 13.5%、12.4%、9.1%、8.5% 和 8.1%。

(3) 供需不对等局面仍然存在。

由于在需求端和供给端分别受产业发展水平和基础设施建设投入的影响,东西部地区数据中心利用水平出现显著差异。根据中国数据中心工作组发布的《2021 年中国数据中心市场报告》,我国数据中心上架率差异分化较为明显。全国数据中心的平均上架率大约为 50.07%。一方面,华北、华东和华南地区超过了全国平均值,上架率分别达到了 65.93%、67.61%和 66.65%,其中北京、上海、广州、深圳等发达地区数据中心存在"供不应求"的局面。另一方面,广大西部欠发达地区数据中心的上架率远低于全国平均水平,为 30%~40%,大量数据中心处于闲置状态,资源浪费情况较为严重。因此,我国东西部地区之间数据中心面临的供需不对等、需求不匹配、信息不通畅等矛盾较为突出。

(4) 东部地区发展势头良好。

受产业发展、市场需求、基建投入等因素的影响,数据中心建设与发展也面临着较为严重的区域差异。从 IDC 机房布局来看,主要集中在东部沿海发达地区。根据中国 IDC 圈公布的企业名录,截至 2022 年,IDC 机房主要分布在华北、长三角和珠三角地区,其中,华北地区主要集中在北京和山东,共有 170 家 IDC 机房;长三角地区主要集中在上海、江苏和浙江,共有 104 家 IDC 机房;珠三角主要集中在广东,有 79 家 IDC 机房。从 IDC 服务商来看,主要集中在北京、广东和江苏等发达地区。到 2022 年,IDC 服务商达到 768 家。IDC 服务分为自建和租用两类,包括服务器租用、服务器托管、域名服务等。其中北京、广东和江苏分布数量最多,分别达到了 132 家、119 家和 60 家。

(5) 数据存储需求亟待释放。

随着数字经济时代的到来,数据资源规模快速增长,数据要素产业快速发展。近年来，我国数据资源产量呈高速增长的态势，2022年数据资源总量达到了8.1ZB，同比增长了22.7%。但是，截至2022年年底，我国数据存储量仅为724.5EB,同比增长了21.1%。也就是说，由于数据要素的价值尚未得到充分认可，数据资源还没有被当成一种有效资产进行存储、交易和开发利用，我国每年产生的海量数据只有不到10%被存储下来，大量宝贵的数据资源被丢弃。因此，如何创新数据资源管理方式和开发利用模式，探索建立成熟、可行、安全的数据资产登记平台、价值评估方法和流通交易模式，促进数据资产的开发利用和价值转化，成为释放数据存储需求、推动数据中心集群高质量发展的关键。

2. 发展趋势

数据中心是数字经济时代的新型基础设施，具有投资规模大、回报周期长、关联产业多等特点，具有很强的正外部性，对赋能产业发展、带动社会就业、优化经济结构具有重要意义，受到各级政府的高度重视。"东数西算"工程的实施将带动数据中心建设投入，有利于提升国家总体算力水平、平衡数据中心产业布局、促进数据中心全产业链发展、提升数据中心绿色节能水平。

（1）提升国家总体算力水平。

当前，数据中心已成为支撑各行业各领域"上云用数赋智"的新型基础设施。首先，"东数西算"工程通过全国一体化的数据中心布局建设，将扩大算力设施规模，促进由东向西梯次布局、统筹发展，极大提高算力供给能力和使用效率，实现全国算力规模化、集约化发展，推动"东数西算"循序渐进、快速迭代，优化资源配置，为数字化发展提供强有力支撑。其次，"东数西算"工程提出算力自主可控的示范要求，要求确保算力涉及的软硬件设备的安全可靠，这也必然带来全国数据中心相关领域的技术创新和自主可控建设的热潮，带动一批如液冷、绿色空调电源等相关设备及配件、自主可控芯片及服务器产业链企业的规模化发展。最后，"东数西算"工程的建设运营，将衍生出一批数据交易所、算力调度运营商、余热利

第四章 "东数西算"工程的建设图谱

用运营商、公共数据授权运营商、数据中心数字化服务运营商、数据中心绿色测评及咨询机构等新兴产业。

（2）平衡数据中心产业布局。

"东数西算"工程是解决数据中心供需结构性失调、进一步推动数据中心合理化布局的有效手段。一直以来，数据中心厂商倾向于在经济社会发展水平较高、数据存储和处理需求大、信息基础设施较为完善的地区投资布局，导致我国数据中心分布出现东部沿海地区"供不应求"与广大中西部地区"供大于求"并存的情况。在这样的背景下，实施"东数西算"工程的重大意义在于通过构建数据中心、云计算、大数据一体化的新型算力网络体系，将东部沿海地区的算力需求有序引导到西部地区，优化数据中心建设布局，促进东西部地区算力基础设施的协同联动，实现数据中心在区域间的相对平衡。以8个国家算力枢纽节点为例，其中5个都集中在西部地区，如果这些算力枢纽节点能够建成并投入运营，必将对平衡数据中心产业布局、提升算力供给能力、促进数字经济持续健康发展发挥重要作用。

（3）推动数据中心全产业链发展。

数据中心涉及的上下游产业较多，包括土建工程、服务器、IT设备、温控系统、电力系统、绿色能源供给等。"东数西算"工程的实施，将会加速数据中心的投资建设，带动数据中心相关产业的全面发展。目前，8个国家算力枢纽节点和10个数据中心集群建设已经全面启动，在未来五年数据中心机架数量将实现成倍增长。以长三角地区为例，将会有超过30个数据中心启动建设并逐步投入运营，与数据中心相关的上下游产业链将迎来新的发展高潮。因此，互联网企业、电信运营商等纷纷加快布局，补齐芯片、操作系统、数据库、中间件、云平台、大数据分析平台等产业链、供应链短板，探索数据中心算力服务、余热利用、数据授权运营等新业态、新模式，从而推动数据中心全产业链的发展。

（4）提升数据中心绿色节能水平。

在8个地区启动建设全国一体化算力网络国家枢纽节点的相关文件中，对集群内数据中心PUE提出了明确要求，西部地区要低于1.2，其他地区要低于1.25，而示范项目要低于1.15。《新型数据中心发展三年行动计划（2021—2023年）》明确提出，到2023年新建大型及以上数据中心PUE降低到1.3以下，严寒和寒冷地区力争降低到1.25以下。根据秦淮数据集团发布的《2022秦淮供应链数据集团环境、社会及治理报告》，秦淮数据中国区域全年运营PUE为1.21，而同期国际数据中心平均PUE为1.55，全国在用超大型数据中心平均PUE为1.36。"东数西算"工程的全面实施，将通过广泛应用绿色节能技术、广泛利用自然冷源、提高可再生能源比重等方式，有效降低全国数据中心的PUE水平。

3．发展重点

数据中心是"东数西算"工程的主要载体，是"东数西算"工程建设的重要内容。"东数西算"工程的建设与运营将极大带动数据中心数据存储、数据标注、数据清洗、数据加工等相关产业的发展，从而围绕数据中心形成新兴产业集群。未来，要围绕培育数据中心产业集群，加强顶层设计和制度建设，切实发挥数据中心的辐射带动作用，提升绿色算力供给能力，促进数字经济持续健康发展。

（1）完善顶层设计。

围绕数据中心发展现状、产业发展、价值释放等问题制定科学、合理、具有可操作性的产业发展规划，有序地推动数据中心集群建设，打造区域数据中心产业发展生态。统筹8个算力枢纽节点和10个数据中心集群的建设进度，避免出现一拥而上、重复建设、过度竞争等问题，应注意把控整体进度，统筹好数据中心建设和运营之间的关系，确保数据中心的使用效率。加强评估检查，定期开展"东数西算"工程以及数据中心集群发展情况的自查与自我评估工作，及时查漏补缺，确保"东数西算"工程的建设质量和运营效率。

(2) 加强制度建设。

破除数据流通、数据共享、跨行业跨地区流通的体制机制壁垒，充分提高数据资源的流动性，提升数据资源利用效率。加强数据资源的产权界定，对数据资源的持有权、使用权、收益权进行明确区分，建立数据"可用不可见""可控可计量"等共享机制，促进数据在不同行业、不同层级、不同区域之间的充分流动，最大化数据资源的社会价值。构建跨区域数据中心算力服务和算力调度的统筹结算交易机制，明确算力服务和算力调度等定价机制，推动数据中心持续健康发展。构建"东数西算"普惠性机制，重点推动算力标准化、异构算力接入等方面的技术攻关与机制建设，警惕算力服务、算力网络、算力调度等相关环节可能产生的垄断风险。

(3) 强化政策引导。

各级政府要处理好发挥政府作用和强化市场驱动之间的关系，加大对"东数西算"工程相关政策的宣传、引导、激励及约束，充分发挥市场在资源配置、应用创新、需求牵引中的关键作用，让地方政府、数据中心运营商、数据中心潜在用户、数字经济产业链企业都愿意参与并支持"东数西算"工程的建设运营。一方面，要优化营商环境。充分发挥政府和园区的作用，加大基础设施建设、产业招商、人才引进与培养等方面的投入力度，提升数据中心集群尤其是西部地区数字经济发展的营商环境水平。另一方面，要培育新兴产业。坚持以应用为导向的建设方针，加强京津冀、长三角、珠三角等地区新兴产业的培育孵化，创新探索算力调度领域的机制，加强公共数据授权运营机制的探索，加快培育数据中心产业集群。

(4) 实现低碳发展。

国家算力枢纽节点建设和数据中心集群建设要立足国家"双碳"目标，充分利用西部地区风电、水电、光伏发电等清洁能源，为数据中心建设和运营提供能源，同时利用西部地区气候适宜的特点为数据处理设备提供天然的冷却场所，为节能减排助力。绿色节能、自主可控、算力调度等能力是未来数据中心服务发展的新趋势，只有满足上述能力要求的数据中心服务提供商才可能成为本轮数据中心建设的主力军。企业要力争在绿色、节能、低碳方向着力，持续探索和突破清洁能源发电、设备冷却等节能减排技术，支持8个国家算力枢纽节点成为超大型用电设备绿色节能可持续发展的示范标杆，推动10个国家数据中心集群成为产业绿色发展的创新高地。

第六节 数据中心基础设施

数据中心基础设施一般包括土地规划、楼宇建设、能源供给、机房建设、冷却系统、动环监控系统等，其中机房建设是重点。"东数西算"工程产业链条长、投资规模大，仅算力枢纽和数据中心集群建设，预计每年投资规模可达到4000亿元，将带动数字基础设施建设，包括服务器、通信设备、高效能数据中心等需求的增长以及不间断电源、空调机柜等领域技术的进步，为行业领军企业提供更好的发展契机。

1. 不间断电源

不间断电源是将蓄电池与主机相连接，通过主机逆变器等模块电路将直流电转换成市电的系统设备。不间断电源可分为后备式、在线式、在线互动式三种，一旦检测到数据中心出现电压过高、过低或者频率偏离等电力异常情况，将立即为设备提供稳定、不间断的电力供应，对保障数据中心供电的连续性、稳定性和安全性具有重要意义。

（1）发展现状。

近年来，得益于信息化的快速推进和数据中心的快速发展，我国不间断电源的市场规模增长强劲。贝哲斯咨询调研显示，2022年，我国不间断电源市场规模达到128.66亿元。过去十年，我国不间断电源市场的复合增长率超过15%，主要企业包括科华、华为、维谛、山特等。随着"东数西算"工程的推进和数据中心的建设，未来不间断电源市场需求仍然会保持较高增速，2025年市场规模或将超过200亿元。

（2）发展趋势。

不间断电源主要用于给部分对电源稳定性要求较高的设备提供不间断的电源，是数字基础设施的重要组成部分。随着数字化转型的推进，不间断电源市场规模呈稳步上升趋势。近年来，受大型、超大型数据中心建设需求的带动，中大功率（>3kVA）不间断电源的市场需求快速增长，市场占有率由2018年的62.5%上升到2020年的67.8%。随着"东数西算"工程的推进，中大型数据中心的建设将进一步加速，中大功率不间断电源的需求也将随之增长。

（3）发展重点。

当前，不间断电源产品面临着蓄电池寿命较短、安全性不强、智能化不足等问题，制约了数据中心的绿色、低碳、智能发展。随着人工智能技术的深度应用，数据中心场地设施和基础设施的数字化、智能化水平不断提升，对不间断电源的各项指标要求也不断提高。要持续加大研发投入，推动不间断电源行业朝环保化、一体化、集中化方向发展，切实提升其智能化、绿色化水平。

2．空调机柜

近年来，随着数据中心的高速发展，降低数据中心能耗成为不可忽略的问题，尤其是"双碳"目标发布后，推动数据中心节能降耗、降低数据中心PUE已成为行业发展的重点和难题。制冷设备是数据中心建设的重要组成部分，可以利用节能设备、制冷空调等为数据中心提供节能、散热等必要支撑，从而实现数据中心的持续、安全、低碳运行。

（1）发展现状。

近年来，得益于数据中心建设的深入推进，我国数据中心机房空调市场获得了快速增长空间，主要品牌包括安诗曼、朗力信、飞利浦、西门子、艾默生、格力等。根据赛迪顾问的数据，2022年，我国数据中心机房空调市场销售规模达到77.5亿元，同比增长

9.9%,其中风冷型机房空调市场规模占比达到56.3%。到2025年,随着"东数西算"工程的推进和"双碳"目标的实施,我国数据中心机房空调市场仍有很大的增长空间,年均增长速度或将超过14%。

(2)发展趋势。

随着节能呼声的日益高涨和能源成本的不断上升,机房空调节能压力不断增大。近年来,机房空调企业不断加强零部件环节的技术创新,聚焦热泵、管道分配网络、热管、冷却终端、空气处理单元、封闭控制单元等环节进行技术攻关,并将运维经验和用户需求反馈至机房空调设计、安装、调试、运维等关键环节,利用微电网技术、储能技术、BIM技术、AI技术等,助力实现数据中心温控系统的精细化、高效化、绿色化管理,使机房空调的制冷效率、节能水平和运行稳定性得到显著提升。

(3)发展重点。

随着数据中心的发展,冷水系统方案得到广泛应用,但也带来了水资源消耗问题。《新型数据中心发展三年行动计划(2021—2023年)》明确提出,实时监测PUE、水资源利用效率(WUE)等指标。"节水型""无水型"机房空调更加受到关注。2022年,水冷型机房空调市场规模为29.9亿元,占据市场38.6%的市场份额,较2021年下降了0.5%。随着西北干旱地区数据中心的建设,水冷型机房空调市场占比将持续降低。

3. 变压器

由于数据中心具有用电量大、变压器数量多、装机容量大等特点,将变压器控制在最佳经济运行状态下可以降低变压器电能损耗,对数据中心节能降耗具有重要作用。"东数西算"工程的推进以及数据中心的建设,将对变压器产生大量的市场需求。

(1)发展现状。

根据中国机械工业联合会的数据,近年来我国变压器总产量整体呈现下降趋势。2022年,我国变压器产量继续下滑,约为170530万千伏安。市场份额方面,国内电力变压器市场已经呈现外资企业领头、国内龙头公司领跑、国内中小企业蓬勃发展的格局，其中ABB、AREVA、西门子、东芝等几大外资品牌占20%~30%的市场份额，保变电气、特变电工、中国西变等国内大型企业占30%~40%的市场份额，金盘科技、顺钠股份、三变科技等本土企业分享其余市场份额。

（2）发展趋势。

变压器大致可以分为干式变压器和油浸式变压器。干式变压器是指铁心和线圈不浸在绝缘液体中的变压器，主要依靠空气对流冷却，利用特殊的绝缘材料来隔离电流和防止电弧。油浸式变压器以油作为变压器主要绝缘手段，并依靠油作为冷却介质，冷却效率高，但具有易燃、易爆的缺点。干式变压器具有安全性高、体积较小、损耗低、散热能力和防潮能力强、清洁方便、维护容易、防火性好等优点，受到数据中心的青睐。

（3）发展重点。

近年来，随着我国电力、能源、数据中心等基础设施的快速发展，我国干式变压器行业相关下游产业需求呈现持续增长的趋势，年均增长率约为5%。在"东数西算"工程的带动下，我国对数据中心等新型基础设施建设的力度将进一步加大，5G、物联网、人工智能、VR/AR等新一代信息技术将快速演进，应用于数据中心的干式变压器市场需求将保持快速增长。

第五章
"东数西算"工程的产业图谱

在运营阶段,"东数西算"工程将极大地促进我国算力资源优化和算力水平提升,带动云计算、大数据、人工智能、数据安全、数字金融、数字政府、数据交易、元宇宙等新兴产业创新发展。

第一节 云计算服务

1. 产业链构成

云计算是一种利用分布式计算和虚拟资源管理等技术灵活调用各种ICT信息资源(包括计算与存储、应用运行平台、软件等),实现大规模计算的信息处理方式,并以动态、按需、可度量的方式向用户提供服务,用户可以使用计算机、平板电脑、智能手机等终端获取ICT资源服务。云计算服务可分为面向机构内部提供服务的私有云、面向公众使用的公共云以及二者相结合的混合云等服务形式。

云计算产业链的上游主要为软硬件及网络等基础设施,如芯片、IT设备及系统、机房环境设备及系统、系统集成服务等;中游为技术服务,是整个云计算产业链的中心环节,分为IaaS(基础设施即服务)、PaaS(平台即服务)、DaaS(数据即服务)和SaaS(软件即服务)等;下游即云计算的应用,主要分为政府、企业(如互联网企业、制造企业)、金融机构及个人层面,同时围绕云计算应用又诞生了云计算系统集成商与行业解决方案提供商等众多市场参与者,如图 4 所示。近年来，随着云计算行业的快速发展，我国云计算产业逐渐完善。

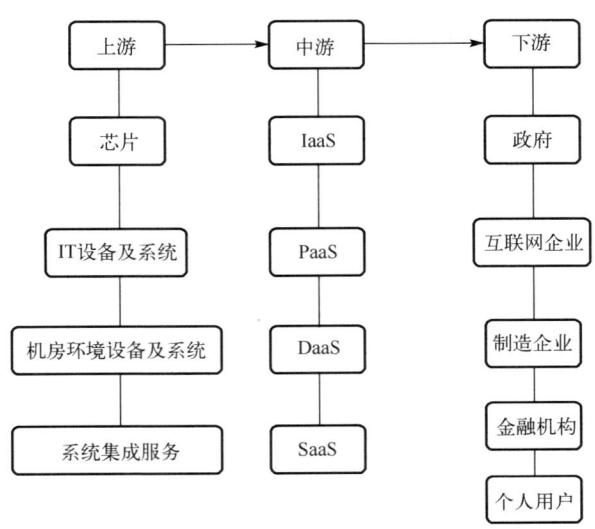

```
上游 → 中游 → 下游
芯片    IaaS   政府
IT设备及系统  PaaS  互联网企业
机房环境设备及系统  DaaS  制造企业
系统集成服务  SaaS  金融机构
                   个人用户
```

图 4　云计算产业链

2．产业发展现状

云计算是数字基础设施的重要组成部分和数字经济的重要底座，是驱动企业数字化转型和促进数字经济发展的核心源动力。近年来，在政策支持、市场需求、技术创新及外部环境等因素的共同推动下，我国云计算产业得到快速发展，年均增速超过 30%。

（1）产业规模逐年攀升。

近年来，随着企业数字化水平的提升，我国云计算产业规模呈现快速增长的趋势。根据中国信息通信研究院发布的《云计算白皮书（2023 年）》，2022 年我国云计算总体市场规模达到 4550 亿元，较 2021 年增长 40.91%，超过全球增速 21.9%，是全球增速最快的市场之一。按照当前的增长速度，预计到 2025 年，我国云计算整体市场规模将超过 1 万亿元。目前，由阿里云、华为云、腾讯云和百度智能云组成的"中国四朵云"，市场份额约占 80%。公有云市场方面，市场规模保持快速增长态势，2022 年市场规模达到 3256 亿元，同比增长 49.3%，如图 5 所示；私有云市场方面，2022 年市场规模再次突破千亿元大关，达到 1294 亿元，增长速度达到 25.3%，如图 6 所示。

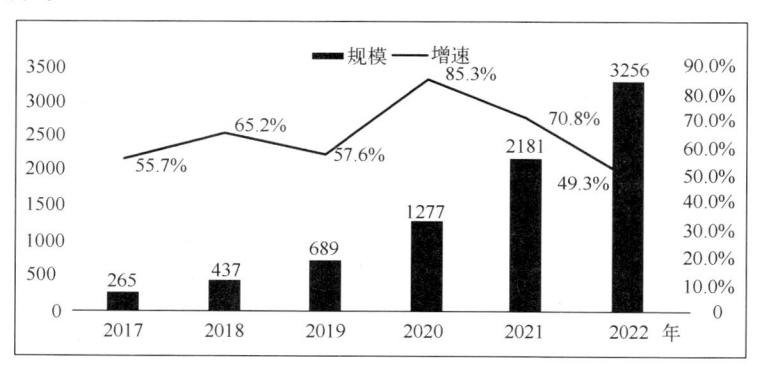

图 5　中国公有云市场规模（单位：亿元）及增速

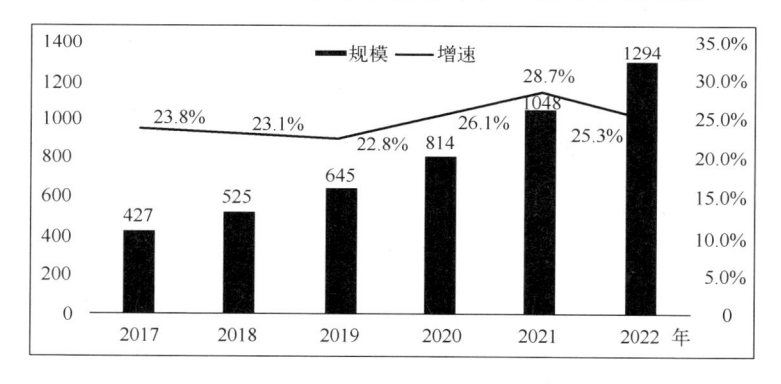

图 6　中国私有云市场规模（单位：亿元）及增速

（2）市场体系趋于完善。

随着各领域"上云用数赋智"步伐的加快，云计算技术与金融、制造、服务、政务、电信等行业的融合应用不断深入，云计算产业发展方兴未艾，成为我国数字经济发展的重要支撑。从云计算产业的细分市场来看，IaaS 市场规模较高，PaaS 的增速较快。根据《云计算白皮书（2023 年）》的测算及相关数据，2017—2022 年，我国公有云 IaaS 市场规模由 148.7 亿元增长到 2442 亿元，占总体规模的 3/4，年均增速为 75.0%；公有云 PaaS 市场规模由 11.6 亿元增长到 342 亿元，增速为 96.7%，在各细分市场中增长速度最快；公有云 SaaS 市场规模由 104.5 亿元增长到 472 亿元,年均增速为 35.2%,增长速度最慢,但随着企业上云等相关政策的推动,未来有望呈快速增长态势。与此同时,受宏观政策支持、企业加大 IT 支出、社会和企业信用体系建设持续完善等多重利好因素的影响,我国 DaaS 市场正处于蓬勃发展期,市场规模增长较快。《2023 年中国 DaaS 行业市场需求洞察报告》显示,我国 DaaS 市场规模由 2017 年的 102 亿元增长到 2022 年的约 463 亿元,年均增长 35.3%,预计未来几年我国 DaaS 市场规模将保持 30%以上的增长速度。

(3) 竞争格局更加激烈。

云计算产业是资金密集型和智力密集型产业,对企业的资金实力和人才储备具有较高要求。目前,我国云计算产业的市场竞争较为激烈,阿里巴巴、华为等头部企业所占市场份额较高,其中阿里云的市场份额约为 1/3,是云计算企业的主力军;电信运营商云计算市场增长迅猛,2022 年天翼云、移动云和联通云的营收分别达到 579 亿元、503 亿元和 361 亿元,增长速度分别为 107.5%、108.1%和 121%,均实现倍增。公有云 IaaS 方面,根据《云计算白皮书(2023年)》的测算数据,阿里云、天翼云、腾讯云、华为云、移动云占据市场份额前五,市场份额分别由 2021 年的 34.3%、22.1%、14%、11.2%和 10%变化为 25.0%、22.15%、16.29%、10.33%和 10.13%,市场份额更趋均衡;公有云 PaaS 方面,阿里云、华为云、腾讯云、百度云的领先地位仍然较为稳固,天翼云快速崛起。

(4) 聚集效益较为显著。

云计算产业作为战略性新兴产业,在产业发展、市场需求、基础设施等方面具有较高的要求。目前,我国云计算相关企业数量达到 43.07 万家,主要集中在京津冀、长三角和珠三角等经济发达地区,其中北京、广东、浙江、山东、四川、江苏、福建的企业数量均超过 2 万家,分别为 7.96 万家、4.40 万家、2.37 万家、2.35 万家、2.23 万家、2.22 万家和 2.13 万家,产业发展呈现东高西低的态势,产业聚集效果较为显著。根据中国信息通信研究院的研究,北京、深圳和上海是我国云计算企业最集中的城市,其中北京以电信云、移动云、联通云、百度智能云、金山云、用友等企业为代表,深圳以腾讯云、华为云、深信服、金蝶等企业为代表,上海以网宿科技、优刻得、宝信软件等企业为代表。随着我国"东数西算"工程的实施,东部地区算力需求将有序向西部地区转移,西部地区数据中心建设将加速推进,云计算产业发展的区域差距将逐步缩小。

3. 产业发展趋势

近年来,越来越多的企业和机构认识到,在数字化大潮中,上云用云并非选择题、判断题,而是必答题、论述题。企业只有适应云计算发展趋势,将传统业务实现云化,才能在激烈的市场竞争中保持竞争优势。因此,在可预见的未来,云计算产业将呈现快速发展趋势。

(1)市场价格大幅下降。

当前,云计算产业面临的最大问题是价格过高,将大量中小微企业排除在云计算服务之外,这也是我国中小企业数字化转型面临的实际困难。在"东数西算"工程的推动下,以土地和绿电为代表的西部地区丰富的廉价资源将得到充分利用,企业获取云服务的成本将极大降低。例如,2023年4月26日,阿里云部分核心产品价格全线下调15%至50%,存储产品最高降价幅度达50%;同年6月1日起,腾讯云多款核心产品降价,部分产品线最高降幅达40%。随着云服务规模的扩大和价格的持续下降,许多中小企业将获得上云用云机会。

(2)市场需求快速扩大。

随着信息网络、算力网络等数字基础设施的不断完善,云服务供给能力和服务质量得到大幅提升,为众多企业上云用云创造了条件。"东数西算"工程的启动,将催生一系列新的云消费模式,在传统的公有云、私有云基础上,演化出专属云、托管云、边缘云等一系列新的云服务模式。与此同时,"东数西算"工程的建设,将极大带动相关硬件、软件、行业应用等需求,预计每年将带动云计算投资超千亿元。未来几年,我国云计算市场仍将保持年均30%甚至40%以上的增速,2025年云计算市场规模有望达到1万亿元。

(3)技术水平迅速提升。

传统的AI开发模式是,针对每个场景,独立完成模型选择、数据处理、模型优化、模型迭代等一系列开发环节,类似"小作坊模式"。无法积累通用知识会导致传统的AI开发模式效率较低。大模型最大的价值在于打造一种全新的"工业化开发模式",将一套通用的流水线复用到各种不同的场景应用中,减少专家的干预和人为调优的消耗,从而降低人工智能开发的门槛和成本。随着"东数西算"工程的实施,云计算技术逐渐从注重基础设施、平台、应用等产业链的完整性,转变为更加注重提升实用性和业务效率,为业务发展赋能赋值。

(4)产业布局迅速优化。

目前,我国云计算产业已形成京津冀、长三角、粤港澳大湾区三大热点区域,这一特征和我国区域经济发展水平高度重合。根据中国信息通信研究院发布的《2022中国云计算发展指数》,目前各大云服务商主要集中在经济较为发达的中东部地区,云计算供给量约占整体公有云资源的60%,北京、广东、上海供云量指数均超过85,超过全国平均水平的3倍。随着"东数西算"工程的实施,广大中西部地区正在加大云计算领域的基础设施建设投入和人才技术储备,中西部地区云计算产业将加速发展,云计算产业中心将加速向中西部地区转移,区域间的"数字鸿沟"将逐步缩小。

(5)保障能力全面提升。

随着企业上云用云规模的扩大,对云计算服务安全性、稳定性、连续性的要求越来越高。近年来,云厂商通过不断的技术创新和设备更新,满足用户对云计算环境安全性和稳定性的需求。硬件设施方面,采用硬件更新、设备监控等方式及时发现并解决问题，通过硬件备份为用户提供"兜底"服务，从而确保硬件设备的稳定性。网络通信方面，通过网络监控、冗余、防火墙等技术，确保网络通信的安全性和可靠性。数据存储方面，通过加密存储、备份与恢复、权限管理等手段，确保数据存储的安全性。系统软件方面，通过自动升级、备份软件、异常处理等措施，确保系统软件的安全性。

4．产业发展重点

尽管我国云计算发展速度较快，但我国云计算渗透率相比全球领先水平仍有差距。目前，美国和欧盟企业的上云率分别高达85%和70%，而我国企业的上云率仅为30%，制造业、交通、能源等传统行业的上云率更低，仅为20%左右。近年来，国家相继出台了《关于推进"上云用数赋智"行动培育新经济发展实施方案》等文件，鼓励云计算与大数据、人工智能、5G等新兴技术的融合。地方政府及监管机构也纷纷发布云计算平台相关技术规范和应用标准，积极推动数字技术与经济社会发展各领域全方位深度融合。这代表云计算产业对国民经济的价值，正从数字技术本身的产业化向推动其他产业数字化的方向发展，云计算产业向广泛应用的成熟期迈进。基于此，相关机构应当积极发力，借助"东数西算"工程建设契机，共同促进云计算产业健康快速发展。

（1）提高创新能力。

数字经济时代，算力基础设施作为算力的主要载体，已经成为最重要的基础设施，对助推产业转型升级、赋能科技创新进步、满足人民美好生活需要和实现社会高效能治理具有重要意义。"东数西算"工程将不只是数据中心的工程建设，更不是算力的简单堆砌和叠加，而必然会促进技术迭代和产业升级。下一步，要加强云计算相关基础研究、应用研究、技术研发、市场培育和产业政策的紧密衔接与统筹协调，发挥龙头企业的带动作用和技术溢出效应，加大云计算、大数据等共性开发平台的投入力度。要加强核心电子器件、高端通用芯片、基础软件等科技成果与云计算产业需求对接，积极推动安全的云计算产品和解决方案在各领域的应用。要充分整合利用国内外创新资源，加强云计算技术相关的实验室、工程中心和企业技术中心建设，不断完善云计算创新产品和服务，提升云计算产品性能和服务能力。

（2）增强上云意识。

"十四五"规划中提到的"上云用数赋智"行动，是指通过构建"政府引导—平台赋能—龙头引领—协会服务—机构支撑"的联合推进机制，带动中小微企业数字化转型，"上云"重点是推行普惠性云服务支持政策，"用数"重点是更深层次推进大数据融合应用，"赋智"重点是支持企业智能化改造。"上云用数赋智"行动为企业数字化转型提供能力扶持、普惠服务和生态构建，降低数字化转型门槛。与此同时，企业上云也有助于"东数西算"工程相关产业的发展，推动东西部算力供需对接平台的建设。下一步，应制定上云相关政策，加深企业对上云的必要性和价值的认识，推动企业上云由浅层次资源上云向核心业务和关键数据上云的深度应用演进。开展宣贯培训，组织上云技能培训和需求对接活动，帮助企业明确自身需求和可选择的云服务。树立上云标杆，采用试点示范、案例评选、项目评优等方式，宣传优秀上云企业及案例，分享成功经验，提高企业上云用云效果。

（3）拓展服务场景。

云计算是未来科技发展和数字化治理的底座，将为更多的行业和领域提供底层技术支撑，推动经济社会的数字化转型。下一步，要不断拓展云计算服务场景，深化云计算在农业生产、政务服务、金融保险、交通物流、医疗健康、教育培训、生产制造等领域的延伸拓展。要不断拓宽云服务的应用领域，推动云计算在科学研究、技术创新、成果应用等环节的融合应用，推动生产生活方式的变革。要加强云计算技术、云计算服务与大数据、人工智能、物联网、元宇宙等相关领域技术和服务深度融合，积极探索云计算服务新业态、新模式。

（4）加快标准研制。

标准是对重复性事物和概念所做的统一规定，以科学技术和实践经验的结合成果为基础，以特定形式发布作为共同遵守的准则和依据，对产业发展具有重要的促进作用。云计算产业的发展离不开相关行业标准的有效引导和制度规范。下一步，要依托"东数西算"工程，引导各级政府加大云计算产业发展的政策支持力度，推动相关标准研制和宣贯。完善企业深度上云标准体系，支持标准化机构加快制定云计算前沿技术、资源监控、安全保障、多云互联互通、应用和数据迁移、上云实施方案、服务质量和性能检测等关键急需技术、服务、应用标准。加快打通跨行业协议标准，加强跨部门、跨行业、跨领域标准化重要事项的统筹协调，建立健全相关标准化组织合作机制，尽快实现协议互通、标准互认。积极开展相关标准的宣贯实施和应用示范工作，促进标准在实践中的不断检验和完善。

第二节 大数据产业

1. 产业链构成

大数据是指超过传统数据应用软件处理能力的大量、复杂数据的集合，需要通过快速获取、处理、分析以从中提取具有价值的海量交易数据、交互数据和传感数据，其规模达到 PB 级及以上。大数据产业有广义和狭义之分，狭义的大数据产业主要是指以大数据生产、采集、存储、加工、管理和挖掘等为主的相关经济活动，包括数据资源建设，大数据软硬件产品的开发、销售和租赁活动，以及相关信息技术服务，通常称为大数据核心产业；广义的大数据产业则以大数据作为基础技术为农业、制造业、采掘业、服务业等相关产业发展赋能。

大数据产业链的上游主要是基础设施支撑，涵盖网络、存储、计算等硬件设备，云计算平台，大数据平台，以及各类与数据采集、预处理、分析、展示相关的方法和工具；中游主要是数据服务，包括数据采集和预处理、大数据分析、大数据可视化、大数据交易、大数据安全等；下游为大数据的融合应用，主要包括大数据在政务服务、工业企业、金融机构、交通物流、健康医疗等众多领域的应用，如图7所示。近年来，随着大数据技术的快速发展，大数据产业发展对数据存储、数据传输和数据算力有较高的要求。因此，"东数西算"工程的实施，将为大数据产业发展提供高效、完善的数字基础设施，从而极大提升大数据产业发展能级。

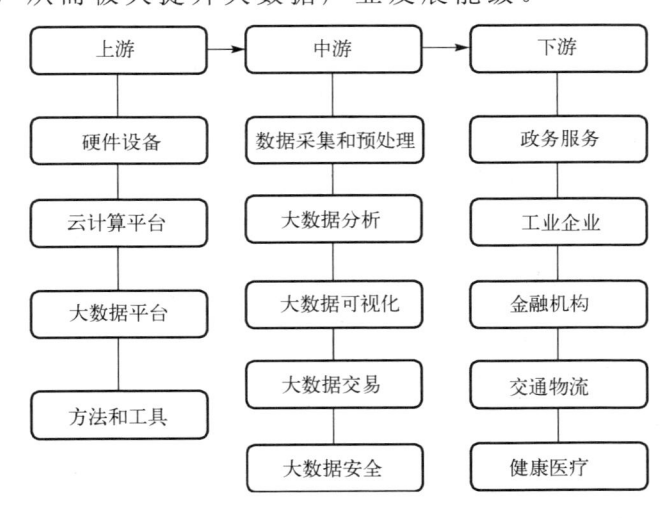

```
上游                中游                    下游
 │                  │                      │
硬件设备        数据采集和预处理            政务服务
 │                  │                      │
云计算平台        大数据分析              工业企业
 │                  │                      │
大数据平台        大数据可视化            金融机构
 │                  │                      │
方法和工具        大数据交易              交通物流
                    │                      │
                  大数据安全              健康医疗
```

图 7　大数据产业链

2．产业发展现状

近年来，我国高度重视大数据产业发展，2021年工业和信息化部印发了《"十四五"大数据产业发展规划》，组织开展大数据产业发展试点示范项目，围绕大数据产业在上海、重庆、成都、贵州、贵阳等地建设了12个国家新型工业化产业示范基地。目前，我国大数据产业得到快速发展，呈现增长速度快、创新能力强、要素流动活跃、产业基础扎实等特征，对经济社会发展的支撑作用和产业发展的带动作用日益凸显。

（1）产业规模迅速扩大。

大数据产业是数字经济的重要组成部分和数字经济发展的重要

基础，是战略性新兴产业和建设现代化经济体系的重要支撑。近年来，依托丰富应用场景优势和海量数据资源优势，我国大数据产业出现持续快速发展的势头，对数字经济发展的引领带动作用日益凸显。据测算，2020年我国大数据市场整体规模首次超过1万亿元，2023年大数据产业产值达到1.74万亿元，同比增长10.45%，成为拉动经济社会发展的优势产业。预计到2025年，我国大数据产业规模将突破2万亿元。

（2）创新能力快速提升。

大数据产业具有知识密集型和人才密集型特点，是创新较为活跃的产业部门。近年来，我国在大数据领域已经形成了较强的创新能力，技术创新取得积极进展，大数据专利申请量占全球大数据专利申请总量的85%以上，其中分布式数据库性能已超越国外同类产品，国内企业先后多次刷新TPC-C、TPC-H等权威榜单；数据流通共享技术处于全球前列，已累计孵化出100多款隐私计算产品，广泛应用于金融、通信等领域。

（3）标准体系逐步完善。

大数据标准是大数据采集、处理、存储、分析、应用等环节中的数据格式、数据质量、数据安全、数据共享、数据隐私保护等方面的要求和规范，是开展大数据应用的前提。目前，大数据领域已经形成了由国家标准、行业标准、团体标准等组成的标准体系，标准建设主体包括研究机构、数据库公司、数据拥有部门以及各个行业的标准化组织等。目前，全国信息技术标准化技术委员会已经成立了大数据标准工作组，共发布大数据领域国家标准33项，立项了IEEE P3158《可信数据空间系统架构》等国际标准。近年来，我国在国际大数据标准领域的话语权和影响力日益增强。

（4）市场潜能加速释放。

近年来，我国加快培育数据要素市场，积极探索数据要素价值实现模式，促进数据要素价值释放。2022年，我国数据产量占全球总量的比重达到10.5%，庞大的数据资源规模和较快的增长速度为

第五章 "东数西算"工程的产业图谱

我国数据要素市场建设、数据交易流通和价值转化打下了坚实基础。一方面，数据交易规模不断壮大。2022年，郑州、广州等6地新建数据交易机构，数据交易市场蓬勃发展，数据交易规模不断扩大。另一方面，数据交易模式加速创新。例如，北京国际大数据交易所建立行业数据专区，探索建立集数据资产登记、评估、共享、交易、应用、服务等于一体的数据流通机制，已率先实现全国首个新型交易模式、交易系统、交易合约、交易场景、交易生态的落地。

（5）技术赋能成效明显。

大数据与实体经济的融合能够有效提升实体经济的运作效率和决策水平，从而赋能实体经济发展。近年来，大数据在金融、医疗健康、政务服务、互联网、教育培训、交通运输、电子商务等领域得到广泛应用，取得了较好的效果，极大地促进了实体经济发展。首先，数字化水平显著提升。截至2023年年底，全国制造企业关键工序数控化率和数字化研发设计工具普及率分别达到62.2%和79.6%，同比分别提高了3.6%和2.6%。其次，新业态新模式蓬勃发展。大数据技术与实体经济的深度融合，提升了金融保险、医疗健康、政务服务的效率，电子商务、移动支付、在线教育、远程医疗、智慧矿山等新模式、新业态不断涌现。根据商务部的数据，2023年，我国网上零售额为15.42万亿元，增长11%，连续11年成为全球第一大网络零售市场。最后，赋能作用日渐显现。对5000多个大数据项目进行分析后发现，通过大数据技术的深度应用，工业企业生产率平均提升了42.8%，产品研发周期平均缩短了15.3%，能源利用率平均提高了10.2%。

但是，我国大数据产业发展也面临着一些不容忽视的困难和问题。一方面是关键核心技术缺乏。目前，我国数据库、大数据平台、操作系统等领域的关键核心技术自主研发能力薄弱，容易面临断供风险。另一方面是产业区域分布不均。北京、广东成为大数据产业排头兵，大量大数据企业开始围绕这两个地方向京津冀、长三角和粤港澳大湾区聚集。

3. 产业发展趋势

随着大数据产业规模的不断扩大以及大数据技术在各行业各领域的深度应用，数据作为新型生产要素的属性日益凸显，数据登记、价值评估、流通交易等产业新业态、新模式将日益涌现，大数据产业发展将呈现新的趋势。

（1）数据资源快速增长。

近年来，随着工业互联网、移动互联网、车联网等信息技术的快速发展和广泛应用，越来越多的设备终端和应用程序将连接到互联网，并实时产生大量的数据。比如，在制造业领域，全国已经形成具有一定影响力的工业互联网平台超过240个，连接的设备近9000万台（套）。在这样的背景下，除传统的结构化数据外，各种非结构化数据、半结构化数据和互联网数据将呈现快速增长的趋势。预计到2025年，我国数据资源产量或超过45ZB，占全球数据资源总量的比重达到27%以上，超过美国成为全球数据资源第一大国。

（2）关键技术更加先进。

《全国一体化大数据中心协同创新体系算力枢纽实施方案》提到，以应用研究带动基础研究，加强对大数据关键软硬件产品的研发支持和大规模应用推广，尽快突破关键核心技术，提升大数据全产业链自主创新能力。随着云计算、人工智能和机器学习技术的进步，数据分析技术将变得更加先进，数据管理、数据处理、数据分析的效率和能力将极大提升，从数据资源中挖掘和提取出更多、更有用的价值。

（3）区域差距逐渐缩小。

如前所述，当前我国各地大数据产业发展水平存在较大差距，大数据企业主要集中在经济发展水平较高、数据资源量较大、应用场景较丰富的东部沿海地区，而广大西部地区大数据产业投资严重不足，缺乏行业龙头企业，产业发展水平较低。随着"东数西算"工程的启动，我国大数据产业将迅速进入集成创新、快速发展、深度应用和结构优化的新阶段，全方位推动数字产业发展和企业数字化转型。处于西南地区的成都、重庆、贵阳等地以及处于西北地区的甘肃、宁夏、内蒙古等地，或将在政策牵引下吸引国内外龙头企业和核心人才，发展数据标注、数据清洗、数据加工、存储服务等产业。

（4）集聚效应逐渐显现。

大数据产业发展需要数据中心、算力中心、通信网络等相关基础设施的配套以及高端人才、资金等要素的支撑。目前，国内大数据产业主要分布在北京、上海、深圳、杭州等经济较为发达、人才较为集中、基础设施较为完善的城市。随着"东数西算"工程的实施，西部地区数据基础设施建设逐步推进，产业发展政策也将不断完善，大数据产业会逐渐向西部地区转移，尤其是10个数据中心集群的集聚效应将进一步显现，在成都、重庆、贵阳、呼和浩特等地形成若干大数据产业集聚区。

（5）安全隐私备受关注。

随着数据应用场景的不断丰富和数据资源量的不断积累，数据安全和隐私保护问题也变得越来越突出。近年来，系统崩溃、黑客攻击、网络病毒等数据安全事件频发，造成了数据丢失、数据泄露、数据盗取以及未经授权访问和使用等风险隐患，给个人、企业和社会带来了巨大的损失，甚至引发社会恐慌，影响国家安全。在这样的背景下，数据安全和隐私保护将日益受到关注，企业和个人将采取更多的措施来保护数据安全和个人隐私，防止出现未经授权的访问和使用。

"东数西算"工程的实施，将促进大数据产业链上、中、下游相关企业的链接，推动企业间数据贯通、资源共享和业务协同，提升大数据产业链资源优化配置和动态协调水平，加快构建深度融合的大数据产业生态。

4．产业发展重点

如前所述，大数据产业链涉及范围较广，而且正在向工业、金融、健康医疗等众多领域快速扩张。随着"东数西算"工程的实施，未来将会有更多应用场景落地，从而促进数据采集与清洗、存储与管理、交易与流通、分析与挖掘、开发与应用等相关产业发展。

（1）数据采集与清洗。

数据采集是指从传感器和其他待测设备等模拟和数字被测单元中自动采集非电量或者电量信号，送到上位机中进行分析、处理，或通过数据采集代理程序，从业务应用系统中以定期、即时等形式采集特定类型的业务数据。当前，政府部门、互联网企业、电信运营商是大数据的主要拥有者和管理者。现实世界中的数据大多不完整或不一致，无法直接进行数据挖掘或挖掘结果不理想，需要对采集的数据进行填补、平滑、合并、规格化、检查一致性等数据预处理操作，并且往往需要大量人工参与，因此数据标注和数据清洗成为大数据产业链的一个重要环节。数据标注是对未经处理过的音频、图像、文本、视频等数据进行加工处理，从而转变成机器可识别信息的过程。数据清洗是指对采集到的数据进行处理和调整，以消除数据中的错误、重复、缺失等问题，提高数据质量和可用性。数据清洗通常包括去重、处理缺失值、处理异常值、数据标准化等步骤。未来，随着人工智能、自动驾驶等产业的快速发展，数据采集、数据标注和数据清洗方面的需求将快速增长，企业可以抓住机遇，布局人工智能标注、数据清洗等业务。

（2）数据存储与管理。

数字经济时代，发展数据存储和管理可以更好地保护数据和利用数据，对生产生活和经济社会发展具有重要意义。数据存储是指将数据保存在某种介质中，以便后续访问和使用。常用的存储方式包括硬盘存储、云存储和数据库存储。硬盘是常见的数据存储介质，计算机和移动设备都使用硬盘来存储数据，硬盘存储具有存储速度快的特点，而且硬盘容量越大，能够存储的数据就越多，但是硬盘存储容易受到物理损坏的影响。云存储是指将数据存储在互联网服务器中，用户可以通过网络访问和管理数据，云存储具有高可靠性和可扩展性，可以根据需要随时增加存储空间，谷歌云、亚马逊AWS、微软 Azure 等及国内的阿里云、华为云、腾讯云、百度智能云等是全球主要的云存储服务提供商。数据库是一种专门用于存储和管理数据的系统，可以方便地对数据进行增删改查等操作，MySQL、Oracle 和 MongoDB 是常见的数据库。数据管理是指利用计算机硬件和软件技术对存储的数据进行有效的分类、处理和开发利用，从而更好地发挥数据的价值。常用的数据管理方法主要有数据备份、数据归档、数据加密、数据清理等。"东数西算"工程的建设将极大地提升我国数据存储能力，为云存储和数据库存储带来巨大的发展空间，相关企业可以针对大数据应用开展各具特色的数据库架构和数据组织管理研究，设计针对具体领域的产品。

（3）数据交易与流通。

促进数据要素交易流通是推动数据要素价值转化应用的前提，是提高经济社会运行效率的有效路径。我国是数据资源大国，数据要素规模较大，数据要素交易流通能够实现数据要素跨区域流动、跨产业共享、跨流程应用，优化数据要素资源在区域层面和产业层面的配置，使其更好地赋能产业发展和技术创新，从而有效提高经济社会运行效率，助推高质量发展。《2023 年中国数据交易市场研究分析报告》显示，2021 年至 2022 年，中国数据交易行业市场规模由 617.6 亿元增长至 876.8 亿元，年增长率约为 42%。预计未来 3 至 5 年，我国数据交易市场仍将保持较高速增长，到 2025 年，规模有望增至 2046 亿元。下一步，要统筹推进数据产权、流通交易、收益分配、安全治理建设，加快构建数据基础制度体系，出台促进数据交易流通的政策举措，支持数据交易机构建设，培育数据教育服务商，促进数据要素的交易流通。要引导政府、科研机构和国有企业建立科学规范的数据标准，开放政务、金融、电信、气候等具有公共属性的数据资源。要引导和支持互联网企业、制造企业通过可信数据空间、数据联盟等方式有条件开放数据资源，推动企业数据交易流通和价值转化。

(4)数据分析与挖掘。

数据分析是指使用分类、聚类、关联规则挖掘、序列模式挖掘、时间序列分析预测等统计分析方法对收集的海量数据进行分析,把具有业务价值的信息从一大批看似杂乱无章的数据背后集中提炼出来,借此总结出研究对象的内在规律。数据挖掘是指从数据库的海量数据中揭示出隐藏其中的、未知的、具有潜在价值的信息,一般基于人工智能、机器学习、模式识别、统计学、数据库、可视化等技术,可以高度自动化地对数据进行分析、归纳、推理,从而在其中挖掘出潜在的价值模式,以帮助管理者调整能够降低风险的市场策略,做出积极的决策。数据挖掘可以认为是通过分析每个数据,从大量数据中寻找其中规律的技术。数据分析和挖掘的能力直接决定了大数据的应用推广程度和范围,是大数据产业的核心。目前,数据分析与挖掘的核心算法和软件主要掌握在大型数据库公司及高校的手里,国际主要参与者包括 IBM、甲骨文、微软、谷歌、亚马逊、Meta 等,国内主要参与单位包括数据库企业、高校及以 BAT 为代表的大型互联网企业等。

(5)数据开发与应用。

数字经济时代,大数据给传统信息技术带来了革命性挑战,正在重构信息技术体系和产业格局。这个过程中,需要将不同来源的数据进行整合、清洗、转换、存储和分析,然后设计、实施、部署和维护数据解决方案,从而使数据资源实现价值最大化。一直以来,我国在大数据价值开发方面的底层技术储备不足,阿里巴巴、百度、腾讯、浪潮、曙光等互联网企业、云计算和数据库厂商都是在开源技术基础上构建大数据平台的。但是,我国大数据开发具有数据量大和应用场景丰富的优势,尤其是近年来大数据与实体经济的不断融合正在倒逼软件技术、数据架构、数据共享方式的转变,为数据开发和利用创造了巨大发展机遇。未来,随着"东数西算"工程的建设和运营及由此引起的数据规模快速增长,国内企业可以在垂直行业和细分领域深耕,充分发挥我国海量数据资源和丰富应用场景的优势，推动大数据与实体经济的深度融合，从而在细分领域构建独具特色的大数据平台，提出应用服务解决方案，打通数据流通变现的商业模式，为传统企业尤其是中小企业提供数字化转型服务。

第三节 人工智能产业

1. 产业链构成

传统计算机技术是机器根据既定的程序执行计算或者控制任务，而人工智能既可以理解为在机器的帮助下重塑人类整合信息、分析数据和洞察趋势的过程，帮助人类提高效率、优化决策判断；也可以理解为用机器不断感知、模拟人类的思维过程，使机器达到甚至超越人类的智能。通常来说，人工智能应用具有自学习、自组织、自适应、自行动的特点，有近似生物智能的效果。近两年来，ChatGPT 的兴起引发了新一轮人工智能发展热潮，人工智能已经在经济社会发展的各领域得到广泛应用。

人工智能产业链的上游主要包括 AI 芯片、智能传感器、云服务、网络通信、数据服务等关键技术领域；中游主要为基于各类识别技术构建的软件产品、解决方案、技术平台和智算服务等；下游主要涉及人工智能在工业、交通、农业等各行业各领域的融合应用，如图 8 所示。当前，人工智能应用正成为互联网技术演进的重要内容，部分技术已经进入产业化发展阶段，不断为用户提供个性化、精准化、智能化服务，大幅提升业务体验，并与生产生活的各个领域相融合，有效提升智能化水平，从而带动传统产业的变革。

2. 产业发展现状

近年来，人工智能技术及产品在企业设计、生产、管理、营销、销售等多个环节中的融合应用程度不断提升。随着海量数据的积累和人工智能大模型的出现，人工智能应用已从消费品、互联网等面向消费者领域向生产制造、电力调度等传统行业辐射。

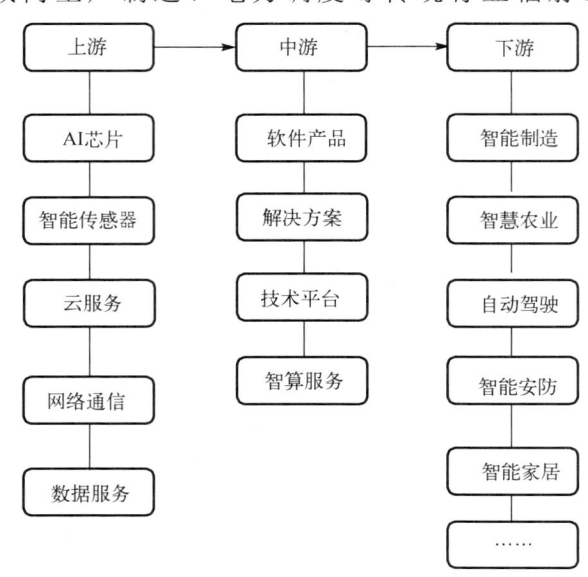

```
上游 ──→ 中游 ──→ 下游
 │         │         │
AI芯片    软件产品   智能制造
 │         │         │
智能传感器 解决方案   智慧农业
 │         │         │
云服务    技术平台   自动驾驶
 │         │         │
网络通信   智算服务   智能安防
 │                   │
数据服务             智能家居
                     │
                    ……
```

图 8　人工智能产业链

（1）产业规模不断壮大。

近年来，随着人工智能技术的不断成熟及产业配套环境的持续完善，人工智能产业发展迎来了良好的市场机遇。根据中国信息通信研究院的数据，2022年，全球人工智能市场收入达到4500亿美元，同比增长了17.3%，其中我国人工智能核心产业规模达到5080亿元，同比增长18%。目前，我国人工智能产业蓬勃发展，互联网企业、云服务企业、大数据企业、通信运营商等市场主体纷纷进入人工智能赛道。截至2022年年底，全球人工智能代表企业数量为27255家，其中我国企业数量为4227家，约占全球企业总数的16%，位列全球第二，是全球人工智能领域的重要力量。从主营业务来看，我国人工智能企业主要聚焦在智能机器人、计算机视觉和智能语音领域，其中智能机器人企业数量超过1500家，计算机视觉企业数量超过970家，智能语音企业数量超过700家。

（2）产业体系不断完善。

人工智能产业链覆盖硬件、软件、应用等多个层级，从下到上

第五章 "东数西算"工程的产业图谱

可分为软硬件支撑层、产品层和应用层。**软硬件支撑层**包括硬件和软件平台,其中硬件包括 CPU、GPU 等通用芯片,深度学习、类脑等 AI 芯片,以及传感器、存储器等感知存储硬件,主导厂商主要是云计算服务提供商、传统芯片厂商及新兴 AI 芯片厂商。软件平台可细分为开放平台、应用软件等,其中开放平台主要指面向开发者的机器学习开发及基础功能框架,如 Tensor Flow 开源开发框架、百度 PaddlePaddle 开源深度学习平台等;应用软件主要包括计算机视觉、自然语言处理、人机交互等软件工具,以及应用这些工具开发的应用软件。近年来,关键平台逐步形成,成为产业竞争的焦点,其中谷歌、亚马逊、Meta 等优势企业加快部署机器学习、深度学习底层平台,建立产业事实标准;科大讯飞、商汤科技等企业利用技术优势建设开放技术平台,为开发者提供 AI 开发环境,建设上层应用生态。**产品层**包括基础产品和复合产品,其中基础产品包括基础语言处理产品、知识图谱产品、计算机视觉产品、人机交互产品四类,是 AI 底层的技术产品,也是 AI 终端产品和行业解决方案的基础;复合产品是 AI 技术的载体,主要包括可穿戴产品、机器人、无人车、智能摄像头等终端及配套软件。人工智能产品形式多样,涵盖听觉、视觉、触觉、认知等多种形态,能够支持处理文字、语音、图像、感知等多种输入或输出形式,如语音识别、机器翻译、人脸识别、体感交互等。**应用层**包括 AI 技术对各领域的渗透形成"人工智能+"的行业应用终端、系统及配套软件,为用户提供个性化、精准化、智能化服务,深度赋能医疗、交通、零售、教育、农业、制造、网络安全等领域。

(3) 技术创新不断突破。

近年来,以英伟达、谷歌、英特尔为首的全球互联网企业积极布局各产品领域,加强 AI 技术创新,带动了 AI 产业快速发展。国内企业也加快在机器学习、深度学习、数据挖掘、智能搜索和语音识别等技术前沿领域的布局,积极抢占全球 AI 产业发展制高点,取得积极成效。根据中国科学技术信息研究所发布的《2022 全球人工智能创新指数报告》，我国人工智能发展成效显著，人工智能创新指数近三年一直保持全球第二水平，在人才、教育、专利产出等方面均有所进步。论文方面，斯坦福大学发布的《2023年人工智能指数报告》显示，我国在 AI 顶会论文上表现居世界首位，然而引用量却低于美国；AI 论文发表量世界前十的机构中，中国科学院、清华大学、中国科学院大学、上海交通大学、浙江大学、哈尔滨工业大学、北京航空航天大学、中国科技大学和北京大学 9 所机构上榜，纷纷赶超麻省理工学院等国外机构，表明我国在人工智能领域的研究和发展已经取得了很大的进展。专利方面，全球 AI 专利申请量和授权量都呈快速增长趋势，申请主体集中在中国和美国。2022 年，我国人工智能相关专利申请量为 29 853 项，高于美国的 16 805 项，占全球人工智能专利申请的 40%以上，居世界首位。

（4）地域分布较为集中。

人工智能是技术密集型和人才密集型产业，对人才供给和产业环境具有较高的要求。目前，我国人工智能企业的集中度较高，主要分布在京津冀、长三角和珠三角等经济发达地区，其中北京、广东、上海等三省市汇集了全国超六成的人工智能企业。截至 2022 年，落地北京的人工智能企业超过 1256 家，占全国的比重为 25.2%，位列全国第一；其次是广东，拥有人工智能企业超过 1014 家，占全国的比重为 20.4%；上海的人工智能企业超过 772 家，占全国的比重为 15.5%，位居全国第三。随着技术的不断进步和应用的广泛拓展，京津冀、长三角和珠三角地区人工智能产业将得到快速发展，从而为经济社会的转型升级和创新驱动发展提供重要支撑。

3．产业发展趋势

"东数西算"工程是我国主动构建算力结构新格局的一项系统工程，将极大提升智能算力规模、促进人工智能产业发展。根据《中国综合算力评价白皮书》，近年来我国算力规模特别是智能算力规模不断提升，2022 年智能算力规模同比增长了 41.4%，约占算力总规模的 22.8%。预计到 2025 年，智能算力占比将达到 35%。可见，"东数西算"工程的实施,将为人工智能产业发展打下坚实基础。

(1) 政策环境持续优化。

自 2015 年 7 月国务院出台的《关于积极推进"互联网+"行动的指导意见》首次将人工智能纳入重点任务之一,至 2017 年 7 月国务院印发的《新一代人工智能发展规划》将其上升至国家战略,人工智能发展政策环境不断完善。截至 2020 年,党中央、国务院及各部门出台人工智能相关政策 10 余项,连续 4 年将人工智能写入政府工作报告,如工业和信息化部、教育部相继出台多项政策文件,北京、上海等 20 余个省(自治区、直辖市)出台人工智能专项规划 60 余项,为我国人工智能发展营造了良好的发展环境。自"东数西算"工程启动以来,相关省政府纷纷发布政策文件,提出大力发展人工智能。例如,贵州省在《关于加快推进"东数西算"工程建设全国一体化算力网络国家(贵州)枢纽节点的实施意见》中就提出要发展人工智能算力,在算力产业链中游重点发展人工智能计算产业,建设数据中心能耗监测平台和支持人工智能调优等。

(2) 技术水平持续提升。

"东数西算"工程的实施为人工智能产业的发展带来了机遇,各企业纷纷抓住时机,加快布局人工智能产业。近年来,已有 20 余个算力领先城市建设了人工智能计算中心,华为、百度、世纪互联、中国联通等国内头部企业均制定了人工智能发展战略。目前,我国企业在应用算法、专用芯片、开源开放平台、智能传感等关键核心技术上已取得局部突破,其中寒武纪、地平线、思必驰等神经网络芯片实现量产并在安防、汽车、语音领域实现规模化应用;百度、阿里巴巴、华为、腾讯、旷视、科大讯飞、第四范式、京东等一批 AI 开放平台初步具备支撑产业快速发展的能力,如百度 AI 开放平台已有超 260 万开发者;海康威视、大华、科大讯飞等企业部分关键应用技术居世界先进水平,特别是视频图像识别、语音识别等技术全球相对领先。

（3）产业规模迅速扩大。

当前，我国人工智能产业规模、核心企业数量、全球独角兽企业数量均仅次于美国，位居全球第二，覆盖技术平台、产品应用等多环节，基本建立了比较完备的产业链。AI芯片、智能语音、计算机视觉等创新产品不断涌现，医疗影像、智能语音、智能翻译、自动驾驶等产品已达国际先进水平，智能安防、消费无人机等领域具备全球竞争优势。"东数西算"工程位于东部地区的算力枢纽节点分别是京津冀枢纽、长三角枢纽、粤港澳大湾区枢纽。这些枢纽节点正好与人工智能产业初步形成的产业规模区域分布相一致。在"东数西算"工程全面启动后，京津冀、长三角、粤港澳大湾区等地区人工智能产业必然会进一步集聚，形成具有一定影响力的人工智能产业集群。

（4）生成式人工智能快速发展。

2022年年底，美国人工智能公司OpenAI发布了生成式人工智能模型ChatGPT，凭借其强大的模型算法和人类反馈机制，提升了交互模式下的用户体验，展现出了巨大的应用前景。以ChatGPT为代表的生成式人工智能技术掀起了人工智能产业的新一轮浪潮，正在引发人工智能领域的技术创新、产业生态、商业模式、竞争格局的重大变革。比尔·盖茨认为，ChatGPT诞生的历史意义重大，不亚于个人计算机和互联网的诞生。生成式人工智能的出现，引起了世界头部科技企业竞相入局，如微软已经将ChatGPT与必应搜索、Office软件等深度集成，百度、阿里巴巴、科大讯飞等企业先后上线"文心一言""通义千问""讯飞星火"等70多个产品，还有更多的行业应用大模型正在研发中，生成式人工智能将进入快速发展阶段。

当前，人工智能产业发展逐步转向"商业驱动"阶段，人工智能产业发展面临的产业竞争压力剧增、行业应用场景缺位、高性能算力芯片滞后等问题日益突出，一定程度上制约了人工智能产业的持续健康发展。

第五章 "东数西算"工程的产业图谱

4．产业发展重点

结合各地区产业基础和资源禀赋，引导各地先行先试，不断汇聚力量、理念、方向，抓住人工智能产业发展趋势，在全国范围内形成标杆示范效应和规模效应。

（1）持续提升人工智能算力水平。

众所周知，人工智能的三大核心与基石分别是数据、算力和算法。如果没有算力支持，人工智能只能是空中楼阁。而"东数西算"工程就是要打通"数"动脉，织就全国算力一张网，缓解东部地区能源、土地等资源紧张的问题，给西部地区开辟一条全新的发展路径。因此，"东数西算"工程的实施，将优化算力资源布局，提高整体算力水平，对人工智能的发展起到不可估量的作用。下一步，要依托"东数西算"工程，统筹算力基础设施建设，优化算力中心布局，打造数网协调、数云协同、云边协同的多层次算力基础设施体系，切实提升整体算力水平，推动我国向世界人工智能先进水平迈进。要加快高端芯片、新型数据中心等算力领域核心技术研发，提升算力产业链供应链水平。要加快建设 5G 基站、高速光纤网络等配套基础设施，切实提升人工智能算力水平。要加快人工智能与 5G 等技术的融合应用，提升产业发展的数字化、智能化水平，抢占数字化发展制高点。

（2）突破人工智能关键核心算法。

人工智能的发展，尤其是大模型训练，需要大量的算力支持，这就对智能芯片算力提出了越来越高的要求。数据显示，ChatGPT 的总算力消耗约为 3640 PF-days（即每秒一千万亿次计算，运行 3640 天），目前已导入至少 1 万颗英伟达高端 GPU 来训练模型。但全球 GPU 市场被美系企业垄断，GPU 国产化仍处于起步阶段，景嘉微电子、芯动科技、天数智芯等企业的产品在产品性能、计算能力、数据传输、运行速度方面与美系产品还存在较大差距。下一步，要强化前沿基础研究，面向人工智能加强基础数学、数据库等基础领域攻关，形成一批可供深度应用与科学储备的引领性理论成果。要加强关键核心算法研发，依托互联网平台企业等创新载体推动关键领域技术研发创新。要打造人工智能开源生态，支持有技术实力的企业和机构研制引擎框架工具体系，开发自然语言处理、计算机视觉、联邦学习等技术和模式领域的函数库与工具包。

（3）大力培育人工智能领军企业。

头部企业和领军企业对人工智能产业发展具有十分重要的作用，能够引发产业规模实现爆发式增长。下一步，要以"东数西算"工程为契机，从企业培育、技术创新、产品开发层面推动人工智能产业发展。要实施人工智能领军企业培育行动，加强投融资、研发、市场等政策的集成支持，培育更多人工智能领军企业，引导相关行业的龙头企业加速智能化改造步伐。要在重点领域开展一批融合创新工程，培育一批标志性人工智能技术产品，提升重点领域人工智能产品智能化水平。要支持企业开发需求导向的人工智能产品和服务，推进面向行业的应用算法研发，形成一批具有示范推广效应的算法产品。

（4）加快建设人工智能产业集群。

"东数西算"工程在启动之初就已经规划了10个国家数据中心集群，其中东部集群有张家口数据中心集群、长三角生态绿色一体化发展示范区集群、芜湖数据中心集群、韶关数据中心集群。下一步，要依托国家数据中心产业集群，培育和打造一批人工智能产业园，按应用领域分门别类进行相关产业布局，培育建设人工智能产业集群。围绕数据中心集群和节点城市，加快建设布局一批数据标注、内容审核基地，为人工智能产业发展奠定基础。加强海量数据资源的集中处理，推动数据处理的集聚发展，逐步培育人工智能产业集群。推动人工智能在细分领域的场景应用，引导与人工智能相关的企业、产业向数据中心集群和节点城市集中，打造具有国际竞争力的人工智能产业集群。依托优质企业、高端园区和产业创新平台，全方位培养、引进算力领域创新型、复合型人才，夯实人工智能产业发展的人才支撑。

第五章 "东数西算"工程的产业图谱

第四节 数据安全产业

1. 产业链构成

数据要素安全是指通过采取必要措施，确保数据要素处于有效保护和合法利用的状态，以及具备保障持续安全状态的能力。保障数据要素安全是规范数据处理活动、促进数据开发利用、保护个人和组织合法权益及维护国家主权、安全和发展利益的必然要求。数据安全的典型应用场景一般涉及四类主体，第一类是企业、金融机构、个人等市场主体，是数据产生方；第二类是互联网企业等，是数据使用方；第三类是相关政府部门等，是数据监管方；第四类是IT企业特别是安全保障企业等，是数据安全的技术服务方。

由图9可见，数据安全产业链较为清晰，上游主要涉及数据和网络安全的基础设施，包括安全芯片、操作系统、基础IT设施、基础软件、基础器件、数据库等；中游主要涉及数据安全服务，包括商用密码、数据安全管理、数字认证、数据防泄露、数据安全咨询与评估等；下游为用户提供数据安全服务，主要包括政务、医疗、军工、制造、金融、电信、能源化工等领域的应用。随着"东数西算"工程的实施，数据存储和数据处理需求将出现爆发式增长态势，对数据安全也提出了更高的要求，从而将带动数据安全相关产业的创新发展。

2. 产业发展现状

近年来，新一代信息技术快速发展，与实体经济的融合不断深化，促进了数字经济的持续快速发展和数据资源量的不断增长。但与此同时，随着数据规模的不断扩大，数据泄露、滥用等风险日益凸显，防范数据安全风险、构建数据安全保护体系成为各方共识，数据安全防护受到各级政府部门和企事业单位的高度关注。

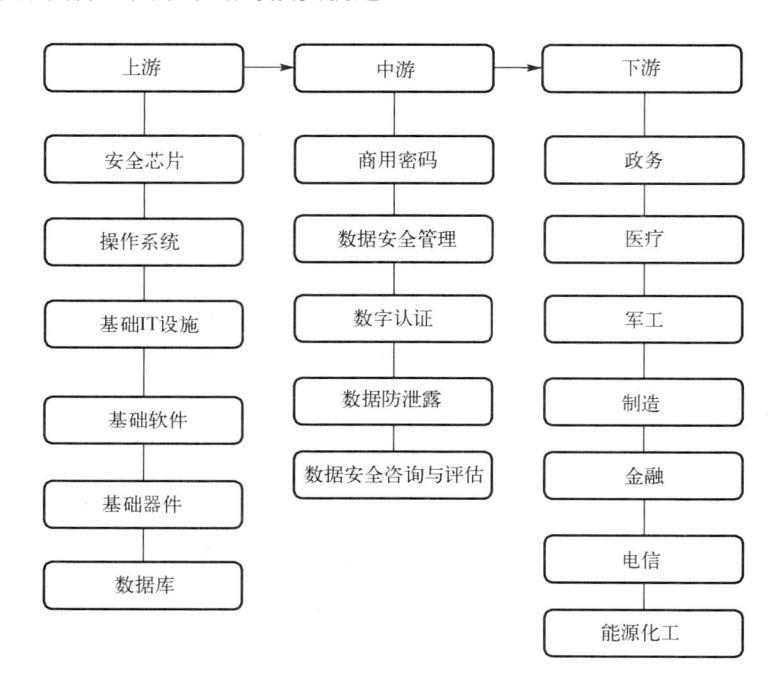

```
┌──────┐    ┌──────┐    ┌──────┐
│ 上游 │───▶│ 中游 │───▶│ 下游 │
└──┬───┘    └──┬───┘    └──┬───┘
   │           │           │
┌──┴─────┐  ┌──┴─────┐  ┌──┴───┐
│安全芯片│  │商用密码│  │ 政务 │
└──┬─────┘  └──┬─────┘  └──┬───┘
   │           │           │
┌──┴─────┐ ┌───┴──────┐ ┌──┴───┐
│操作系统│ │数据安全管理│ │ 医疗 │
└──┬─────┘ └───┬──────┘ └──┬───┘
   │           │           │
┌──┴──────┐ ┌──┴─────┐   ┌─┴───┐
│基础IT设施│ │数字认证│   │军工 │
└──┬──────┘ └──┬─────┘   └─┬───┘
   │           │           │
┌──┴─────┐ ┌───┴──────┐  ┌─┴───┐
│基础软件│ │数据防泄露│   │制造 │
└──┬─────┘ └───┬──────┘  └─┬───┘
   │           │           │
┌──┴─────┐ ┌───┴──────────┐ ┌┴───┐
│基础器件│ │数据安全咨询与评估│ │金融│
└──┬─────┘ └──────────────┘ └─┬──┘
   │                          │
┌──┴───┐                    ┌─┴──┐
│数据库│                    │电信│
└──────┘                    └─┬──┘
                              │
                           ┌──┴────┐
                           │能源化工│
                           └───────┘
```

图 9　数据安全产业链

（1）产业规模快速攀升。

数据安全涉及范围较广，既涉及数据安全方面的软硬件基础设施，也涉及为用户提供的数据安全服务，因此产业规模较大。近年来，随着数字经济和信息产业蓬勃发展，5G、大数据、人工智能、区块链、元宇宙等新一代信息技术不断落地应用，数据安全越发受到重视，尤其是政务、教育、医疗卫生、公检法司、电子商务等行业数据安全需求快速增长，带动数据安全产业规模呈现爆发式增长的态势。2018—2022 年，我国数据安全产业规模的增长速度较快，年均增速保持在 30% 以上。

（2）技术创新不断突破。

数据安全技术、产品和服务创新是支撑数据安全产业可持续发展的动力，是提升产业链、供应链韧性的重要基础。近年来，我国不断加大数据安全领域基础通用技术的研发投入和应用推广，为数据安全技术的能力提升和创新发展提供了有力支撑。一方面，持续加大人工智能、区块链、密态计算等基础通用技术的研发投入，促进数据识别、数字水印、隐私计算等数据安全关键技术的进步。另一方面,不断拓展数据安全技术的应用领域,大力推动联邦学习、密文检索、多方安全计算等新兴技术在政务、教育、医疗卫生、公检法司、电信、金融、能源化工、交通等不同行业和领域的应用,为解决数据利用与数据保护之间的矛盾提供新的解决方案。

(3) 产业投资较为活跃。

近年来,在市场需求的牵引下,数据安全产业逐渐成为资本市场投资的热点,通信、互联网等领域市场主体纷纷通过自研、合作、投资、并购、重组等方式布局数据安全产业,推动隐私计算、数据流转等关键技术研发。例如,2020年3月,腾讯投资数据安全厂商炼石网络,成为其第三大股东;2023年3月,中国移动斥资41.38亿元收购启明星辰,成为实际控制人;2015年起,阿里云多次投资安华金和、ThetaRay和安恒信息等网络安全领域相关企业,增强自身数据安全能力。数据显示,我国数据安全产业的投资事件数量呈现增长趋势,2017—2022年我国数据安全领域相关投资事件达到264件,平均每年44件,涉及金额468亿元,年均78亿元。

(4) 产业生态初步形成。

良好的产业生态是激发市场活力、强化竞争优势和提升综合效益的重要保障。近年来,传统网络安全厂商、云厂商、互联网企业、初创企业等积极布局数据安全产业,初步形成了数据安全产业生态。截至2022年年底,涉及数据安全业务的企业超过25万家,其中高新技术企业超过4700家,上市企业超过300家,专精特新"小巨人"企业超过100家。其中,数据安全治理领域有安华金和、数安行、数字认证、安恒信息、启明星辰、深信服等企业,数据库安全领域有世平信息、安信天行、海峡信息、威努特、美创科技、敏捷科技、华软金盾等企业,数据防泄露领域有亿赛通、绿盟科技、天空卫士等企业,个人隐私保护领域有炼石网络、智游网安、数安行等企业,文档加密领域有北信源、卫士通等企业,容灾备份领域有敏捷科技、格尔软件等企业。

3. 产业发展趋势

当前,全球网络空间布局冲突不断,国家级网络攻击频次不断增加,攻击复杂性持续增强,网络安全和数据安全面临严峻的形势。"东数西算"工程的实施和运营,将极大地提升数据安全保障水平,为数据安全和网络安全带来更大的确定性,从而带动我国数据安全产业呈现新的发展趋势。

(1) 市场规模将迅速扩大。

数字经济是拉动经济增长的新引擎,数据是数字经济的核心要素。数字经济的快速增长,不仅给数据安全和网络安全带来巨大的挑战,也为我国数据安全产业创新发展带来了重大机遇。当前,我国数据安全产业规模较小,仅处于百亿级别的水平,在网络安全产业中的比重较低,占比不到 5%。根据工业和信息化部、国家互联网信息办公室、国家发展和改革委员会等 16 部门发布的《关于促进数据安全产业发展的指导意见》,到 2025 年,数据安全产业基础能力和综合实力明显增强;数据安全产业规模超过 1500 亿元,年复合增长率超过 30%;到 2035 年,数据安全产业进入繁荣成熟期。因此,未来一段时期,我国数据安全产业或将迎来快速发展,市场规模将迅速扩大,电信、金融、能源化工、医疗卫生、教育培训、交通物流等领域或将成为市场主力。

(2) 政策环境将不断优化。

一直以来,我国高度重视网络安全和数据安全,相继出台了《网络安全法》《密码法》《数据安全法》《个人信息保护法》等数据安全相关政策法规,为保障数据安全和加强个人信息保护打下了坚实的法制基础。《"十四五"数字经济发展规划》《"十四五"大数据产业发展规划》等重大政策文件都将提升数据安全保障能力作为重点任务。2021 年,国家发展和改革委员会、中央网信办、工业和信息化部、国家能源局联合印发的《全国一体化大数据中心协同创新体系算力枢纽实施方案》将"确保网络数据安全"作为九大国家枢纽节点重点任务之一,明确要求"加快推进全国互联网数据中心、云平台等数据安全技术监测手段建设，提升敏感数据泄露监测、数据异常流动分析等技术保障能力"。工业和信息化、交通运输、金融、教育、医疗等领域也相继发布了数据安全相关政策，数据安全社会认知度不断提升，因此未来一段时期，我国数据安全产业政策环境将不断优化。

（3）新兴技术将加速落地。

当前，我国数据安全产业总体处于快速发展期，数据资产管理、数据分类分级、数据安全监测等产品形态未定型，产品命名和对应功能未形成共识，产品性能仍需进一步完善。随着数据安全相关产品在政务、金融、医疗、电力、电信、互联网等多个领域的不断应用，数据库安全、数据脱敏、数据防泄露产品将逐渐进入成熟期，数据水印、数据溯源等产品功能将不断完善，隐私计算产品商用化进程将逐渐加快，数据安全产品体系将不断丰富。例如，2021年，奇安信已建立起"数据安全能力框架""数据安全运行构想图"等完整的体系，基于数据应用场景、业务逻辑和数据流转构建数据脉络，在不同环节做风险分析和威胁建模，将安全能力和举措植入应用和业务中，与系统、应用和业务的各层级深度融合，在关键环节对重要数据做精准管控，将"零信任架构"与"数据安全防护体系"相结合，做到主体身份可信、业务操作行为合规、计算环境与数据实体有效防护。

（4）高端服务将快速增长。

数据安全产业是典型的信息技术服务业，而且随着产业的不断发展，高附加值服务比重不断上升。我国数据安全市场以产品和服务为主，包括数据安全防护监测、数据安全运维、数据安全共享流通、数据安全培训咨询评估服务、可信安全认证服务等。目前，我国数据安全领域的服务主要以数据安全合规评估、数据安全规划咨询、数据安全治理（分类分级）等前端服务为主，服务的专业性和附加值还保持在较低水平，高附加值的服务仅占数据安全服务的20%左右，制约了数据安全产业的高质量发展。随着数据规模的爆发式增长，数据安全的重要性日益突出，数据安全托管、数据安全运维、数据安全测评、数据安全防护能力评定等高附加值的数据安全服务将迎来快速增长的势头，年均增速或将保持在50%以上，成为数字经济快速发展的战略支撑和重要保障。

（5）产业生态将持续优化。

近年来，我国不断加强数据安全产业的立法、规划和标准研制，为数据安全产业生态优化打下了坚实基础。立法层面，围绕网络安全法、数据安全、个人信息保护等，我国已经出台了系列政策法规，强化了数据安全的法制基础。规划层面，《关于促进数据安全产业发展的指导意见》提出，到2025年，产业生态完备有序；建成3—5个国家数据安全产业园、10个创新应用先进示范区，培育若干具有国际竞争力的龙头骨干企业、单项冠军企业和专精特新"小巨人"企业。标准层面，我国相继出台了数据安全领域国家标准，全国信息安全标准化技术委员会已发布数据安全和个人信息保护标准9项，在研标准22项，电信和互联网领域、工业领域和金融领域的行业数据安全标准陆续发布，有力支撑相关法律法规的落地实施和行业数据安全实践工作。

4．产业发展重点

在"东数西算"构建的新格局下，网络安全和数据安全的重要性更加突出。要更加注重并继续发展好数据安全产业，推动出台促进数据安全产业发展等政策文件，强化关键核心技术攻关和应用示范，组织开展试点示范和标杆培育，打造具有国际竞争力的数据安全领军企业，为国家数据安全保障提供有力支撑。

（1）加强数据安全产业布局。

"东数西算"工程的实施为数据安全产业发展带来了千载难逢的机遇。在此背景下，应抓紧工程窗口期，围绕落实《数据安全法》中数据安全产业发展的相关要求，研究分析国内外数据安全产业发展趋势，统筹谋划我国数据安全产业发展方向，加快推动数据安全领域先进技术研发创新和应用落地，构建数据安全产业发展新格局。

第五章 "东数西算"工程的产业图谱

下一步,要培育龙头企业,鼓励企业在数据安全细分领域深耕,切实提升企业技术创新能力,培育细分领域的"独角兽"和龙头企业。要建设产业园区,鼓励各地规划建设数据安全产业园,引导企业、技术、人才、资本等要素资源向园区集中。要打造产业集群。要围绕关键技术产品和重点领域应用,培育龙头企业引领、创新能力强的数据安全产业集群,切实提升数据安全领域的系统化防护能力。

(2)细化数据安全产业规则。

随着《数据安全法》《个人信息保护法》等法律的相继出台,我国数据安全和个人信息保护规范体系框架已经基本形成。制定相关法律法规的细化落实举措,建立完善的数据安全产业规则体系,成为当前数据安全产业发展的重要内容。下一步,要逐步制定数据分类分级、数据安全评估等制度的细化落实举措,逐渐配套完善数据安全规范,加快数据安全产业标准体系建设,强化数据安全产业政策供给。要尽快出台数据安全审查、数据安全监测、数据交易等制度实施细则,细化数据分类分级、重要数据目录、数据风险评估、数据出境等重点工作的相关规范要求,明确国家核心数据、重要数据保护手段。要加强《关于促进数据安全产业发展的指导意见》《全国一体化大数据中心协同创新体系算力枢纽实施方案》等政策的宣贯落地,加大数据安全产业发展的政策驱动力。

(3)突破数据安全产业技术。

基础通用技术的不断发展为数据安全技术创新和产业发展提供了有力支撑。要引导和支持企业加大科研投入,促进数据安全产品服务创新,切实提升数据安全技术保障水平。下一步,要支持高校、科研机构、企业共建高水平研究平台,加强数据安全基础理论研究,攻关突破数据安全领域基础共性技术、关键核心技术、前瞻颠覆性技术。要持续加大在人工智能、区块链、密态计算等基础通用技术方面的研发投入,为数据识别、数字水印、隐私计算等数据安全关键技术的能力提升和创新发展提供有力支撑。要引导数据安全企业由提供技术产品向提供服务和解决方案转变,推进数据安全服务云化、一体化、定制化等服务模式创新。

（4）构建数据安全产业生态。

随着数据安全专业组织和平台不断发展壮大，相关组织将在技术创新、人才培养、能力认证等方面持续发力，整合技术优势和资源优势，形成并推广高质量的数据安全产品和服务实践，推动数据安全政策、技术、人才等要素形成合力。下一步，要推动构建形成覆盖数据资源全产业链的安全监管体系，建立数据要素市场风险防控体系，建立面向企业的数据安全备案机制，提升数据安全事件应急能力。要建设数据安全产业公共服务平台，组织数据安全企业与数字经济企业的交流，实现供需精准对接和产业信息共享。要统筹协调多方主体共同参与，系统加强数据安全人才培养，持续壮大数据安全专业人才队伍，满足产业高质量发展需要。

第五节 数字金融

1. 产业链构成

当前，金融服务已经渗透到经济社会发展的各个领域，从日常消费到投资理财、从企业投融资到贸易结算，都需要金融服务的支撑，也产生了大量的算力需求。人工智能、大数据、云计算等信息技术能够在生产运维、智能决策、科技创新、价值输出等方面为金融机构提供支撑，帮助金融机构为用户提供更及时、更精准、更个性化的金融服务。因此，"东数西算"工程将更好地满足银行、证券、保险、基金等金融机构对海量数据的存储和计算需求，从而支撑金融业务模式的创新与变革，推动数字金融产业的发展。

数字金融是指利用互联网、移动通信及其他数字技术手段来为用户提供金融服务，通过提供在线支付、虚拟货币、电子银行、投资理财等服务，使得金融交易和金融服务更加高效、便捷和安全。如图10所示，数字金融产业链较为简单，上游为计算机、通信网络、网络平台、手机、平板电脑及其他移动终端等硬件设备；中游为在线支付、虚拟货币、电子银行、投资理财等数字金融服务；下游为数字技术在银行、证券、保险、基金等金融领域的融合应用。

2．产业发展现状

数字金融是金融科技的"升级版"，是金融业通过互联网、5G、大数据、云计算、区块链等新兴信息技术与金融服务的深度融合，为用户提供的更加高效、便捷、优质的金融服务。数字金融的发展有助于促进金融资本的优化配置，推动数字经济高质量发展。近年来，我国数字金融产业发展迅速，主要表现在以下几个方面。

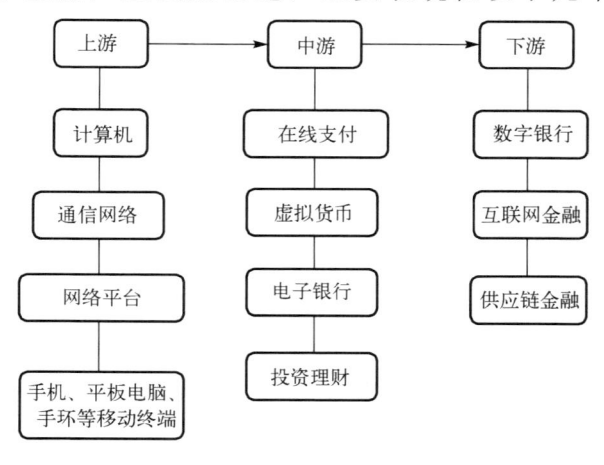

```
上游 ──────→ 中游 ──────→ 下游
 │            │            │
计算机       在线支付      数字银行
 │            │            │
通信网络      虚拟货币     互联网金融
 │            │            │
网络平台      电子银行     供应链金融
 │            │
手机、平板电脑、 投资理财
手环等移动终端
```

图 10　数字金融产业链

（1）互联网金融快速发展。

互联网金融是指传统金融机构与互联网企业利用互联网技术和平台，为用户提供便捷、高效、低成本的资金融通、支付、投资和信息中介等新型金融业务模式。互联网金融不是互联网和金融业的简单结合，而是互联网技术和金融功能的有机结合，目前主要包括众筹、P2P网贷、第三方支付、数字货币等模式，具有成本低、效率高、覆盖广、发展快等特点，极大地改变了传统金融的业态和模式。

（2）移动支付迅速普及。

移动支付是以移动终端为载体，通过移动支付技术和金融创新，为用户提供更加便捷、安全、快捷的支付服务。移动支付具有时间限制小、管理便捷、隐私度高等特点，能让移动端用户通过电子产品来完成电子货币的支付，其中包括货币转账、缴纳话费、燃气费、水电费等，不仅改变了传统支付的模式和方式，而且解决了金融支付领域的信用和监管等一系列问题，得到了快速普及。中国银联发布的《2022年移动支付安全大调查研究报告》显示，我国77.5%的手机用户每天都会使用移动支付，常用场景接近11个，我国移动支付整体市场覆盖率排名全球第一。

（3）大数据技术广泛应用。

大数据技术是数字金融的重要支撑，通过数据采集、存储、分析和挖掘，为金融机构提供更加精准化、个性化、智能化的金融服务。大数据金融分为平台金融和供应链金融两大模式，前者是平台企业对其长期以来积累的大数据通过互联网、云计算等信息化方式进行专业化的挖掘和分析；后者是核心龙头企业依托自身的产业优势地位，通过其对上下游企业现金流、进销存、合同订单等信息的掌控，依托自己资金平台或者合作金融机构给上下游企业提供金融服务。大数据的广泛应用，不仅丰富了金融服务的内容和形式，而且极大地降低了信息不对称带来的金融风险。

一直以来，我国高度重视金融与科技融合发展，积极推动金融电子化、互联网化，互联网金融及数字金融的发展，数字金融的市场规模快速成长。根据赛迪顾问的数据，我国金融科技整体市场规模已经由2019年的3753亿元上升为2022年的5432亿元。

3．产业发展趋势

随着数字金融基础设施建设上升到国家战略高度，金融科技发展将迈入新的发展阶段。"东数西算"工程的实施将极大地提升金融领域的算力水平，为用户提供更加精准、高效、个性化的金融服务，从而推动数字金融的快速发展。未来，数字金融的发展将更加注重科技创新、更加注重普惠服务、更加注重服务实体经济。

（1）更加注重科技创新。

数字金融是金融服务与数字技术融合的高级发展阶段，是金融创新和金融科技的发展方向,将会与云计算、人工智能、区块链等新兴技术融合,为用户提供更加智能、高效、安全的金融服务。《数字金融蓝皮书:中国数字金融创新发展报告(2021)》认为,数字金融在金融数据和数字技术的双轮驱动下,金融业要素资源实现网络化共享、集约化整合、精准化匹配,进入金融与经济协同发展阶段,实现金融高质量发展,推动数字经济和实体经济深度融合。

(2)更加注重普惠服务。

数字金融将会通过互联网、云计算、大数据、区块链、人工智能等数字技术手段,让金融服务真正实现从"少数人专享"到"服务大众"的根本性转变,为更多用户提供更加个性化、精准化、高效率的金融服务,满足用户不同的需求和偏好,让金融服务真正普惠到每个人。更加注重数字金融的普惠性,不仅是金融供给侧结构性改革与金融"向善"的核心内容,而且是彻底改善广大中小微企业和个人金融资源配置不足,实现经济、金融、社会良性可持续发展的重要抓手。

(3)更加注重服务实体经济。

金融是实体经济的镜像,服务实体经济是金融机构的主要目的之一。党的二十大报告提出建设现代化产业体系。建设现代化产业体系是我国激发经济活力、抢占未来发展制高点的关键所在,这为推动产融结合、赋能实体经济提供了广阔的发展空间。数字技术与金融服务在产业上的紧密结合,是金融科技的下一片蓝海,是金融服务实体经济的重要创新应用,需要政策引导、技术推动和完善监管等多措并举,打造合作共赢的产业数字金融生态圈。推动金融服务数字化转型、发展数字金融,也必须更好地服务小微企业、服务乡村振兴、服务实体经济,推动实体经济和金融机构之间的互动和协调。

4.产业发展重点

近年来,《金融科技发展规划(2022—2025年)》《关于银行业保险业数字化转型的指导意见》等政策文件相继出台,鼓励云计算、大数据、人工智能、区块链等新兴数字技术在金融领域的融合应用，数字金融迎来发展黄金期。"东数西算"工程的启动及数字金融的发展将极大带动人工智能和机器学习、大数据、区块链等信息技术的发展。

（1）人工智能和机器学习。

人工智能和机器学习是金融服务行业中重要的技术手段，在减少金融欺诈和洗钱风险方面发挥着重要作用。近年来，随着人工智能和机器学习在金融行业的广泛应用，金融领域的各个细分行业都发生了深刻变化。比如，自动化聊天机器人已成为提高运营效率的重要手段，银行、保险、电商平台等机构广泛使用的客服机器人通过持续不断的机器学习，能够快速回答和解决绝大部分用户提出的问题，从而提高金融机构的服务效率并降低运营成本。

（2）大数据。

随着信息技术在金融领域的广泛应用，移动设备、计算机和传感器产生的海量数据已经成为金融机构的重要资产。各金融机构将更加注重大数据的应用，提升金融机构竞争优势和服务效率。一方面，金融机构将加强大数据技术和数据资源在银行、保险、证券等领域的应用，充分挖掘金融数据要素的价值；另一方面，金融机构将积极整合通信、电力、税收等外部数据资源，通过大数据分析和挖掘为用户提供更加精准、高效、个性化的服务体验，极大地降低金融机构运行的成本和风险。

（3）区块链。

区块链是一种基于比特币的底层技术，其本质是一个去中心化的信任机制，通过在分布式节点共享来集体维护一个可持续生长的数据库，实现信息的安全性和准确性。使用智能合约，区块链技术可以改善供应链、交易系统和索赔处理等方面的业务，因此在银行、保险、期货等金融领域具有巨大的应用潜力。目前，全球已经有超过 1/3 的金融服务机构正考虑在未来业务中部署和使用区块链技术。

（4）云和移动解决方案。

近年来，随着移动通信技术的创新发展和广泛应用，越来越多的消费者开始使用移动解决方案来满足其日常银行需求。有关数据表明，过去的三年里，手机银行的注册量是原来的3倍。因此，越来越多的金融机构开始重视云技术和移动解决方案，将数据存储和高级软件应用程序外包给云服务提供商，以提高效率、降低成本并实现数字化转型。目前，云迁移可以节省大约15%的总体IT支出，而中小企业可以节省高达36%的相应费用。

（5）机器人流程自动化。

全流程自动化可以提高财务分析和预测的准确性，进而提升企业的决策效率和竞争力。将金融机器人技术与其他智能化、自动化技术相结合，有利于提升企业的效率、生产力和合规性。因此，金融机器人技术的广泛应用成为金融行业数字化转型的重要趋势，对企业的未来发展具有重要的战略意义。根据美国咨询机构Gartner的研究，80%的财务领导者已经开始或计划实施机器人流程自动化，以提高企业的数字化能力和业务效率。

第六节 数字政府

1. 产业链构成

数字政府是以新一代信息技术为支撑，重塑政务信息化管理架构、业务架构、技术架构，构建大数据驱动的政务新机制、新平台、新渠道，进一步优化调整政府内部的组织架构、运作程序和管理服务，全面提升政府在经济调节、市场监管、社会治理、公共服务、生态环境等领域的履职能力，形成"用数据对话、用数据决策、用数据服务、用数据创新"的现代化治理模式。

由图11可见，数据政府产业链较为成熟，上游主要涉及基础IT设施、基础软件、数据库、网络安全等相关的软硬件供给，技术较为成熟，市场竞争激烈，产品供给充足，而且随着信创产业的发展,对国外技术产品的依赖将有所降低;中游主要涉及城市大脑、智慧中台、政务云等,主要是为政府部门提供系统集成、技术服务等,提升政务服务的信息化、数字化、集成化水平;下游主要涉及智慧政务,包括政务协同、智慧党建、电子印章、智慧应急、智能交通、智慧园区等。

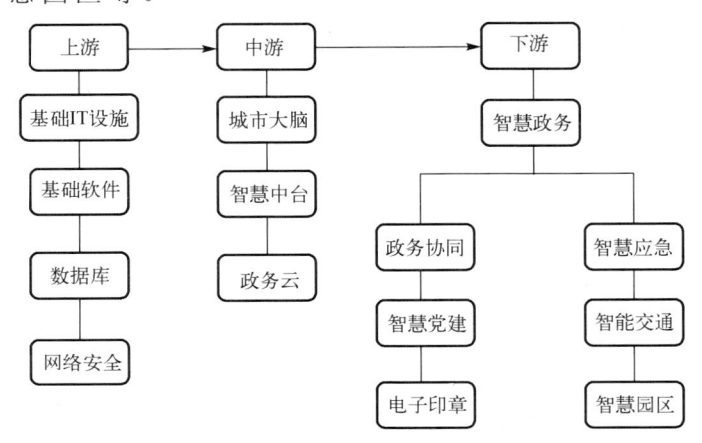

图 11 数字政府产业链

数字政府涉及范围广、应用场景丰富、稳定性要求高,是推进国家治理体系和治理能力现代化的重要组成部分,是数字中国建设的重要内容和核心枢纽。但是,近年来数字政府建设面临的算力瓶颈压力加大,一定程度上制约了政府公共治理水平的提升。"东数西算"工程的实施,将解决数字政府建设中数据存储、数据处理等能力不足的问题,从而推动数字政府和智慧城市建设实现跨越式发展。

2. 产业发展现状

数字政府是强化政府运行、决策、服务、监管能力的重要引擎,是提高公共服务水平的重要基础,是完善政府职能的重要支撑。近年来,我国数字政府建设经历了以机关内部办公自动化为特征的"点应用"、以部门政务电子化为特征的"线应用"、以在线政务服务为特征的"面应用"的转变,数字政府建设取得积极成效,在完善政府职能、提升政务服务效率、降低公共服务成本等方面发挥了

第五章 "东数西算"工程的产业图谱

重要作用。

（1）数字基础设施不断完善。

近年来，各级政府部门不断加大数字政府建设投入，云、网、数等数字政府相关的数字基础设施建设已取得较大成效，构建了网络化、数字化、智能化的全天候"在线政府"，实现政务服务线上平台搭建，扩大公共数据资源开放共享群体，有利于压缩政企互动、政社互动成本。《全国一体化政务大数据体系建设指南》中的数据显示，国家电子政务外网基础能力不断提升，已实现县级以上行政区域100%覆盖，乡镇覆盖率达到96.1%；全国有31个省（自治区、直辖市）和新疆生产建设兵团云基础设施基本建成，超过70%的地级市建设了政务云平台；建成全国一体化政务数据共享枢纽，依托全国一体化政务服务平台和国家数据共享交换平台，构建起覆盖国务院部门、31个省（自治区、直辖市）和新疆生产建设兵团的数据共享交换体系。

（2）政务服务效能不断提升。

国务院《关于加强数字政府建设的指导意见》明确了数字政府建设内容及范围，明确要求"加强重点共性应用支撑能力"。《"十四五"推进国家政务信息化规划》显示，我国电子政务在线服务指数由全球第34位提升至第9位。"一网通办""一网统管""一网协同""接诉即办"等创新实践不断涌现。截至目前，广东、山东、上海等地已初步完成统一身份认证、电子证照、电子印章等应用支撑组件建设。根据不完全数据统计，各地政府政务服务网上办理事项实现率普遍超过90%，面向公众、企业及政府涌现出一批"浙里办""粤商通"等移动政务服务应用，极大方便了社会的生产生活。

（3）数据要素价值持续释放。

各级政府部门和企事业单位在长期依法行政或提供公共服务过程中产生和积累了大量的数据资源。近年来，随着数字政府建设和行政审批制度改革的持续推进，公共数据得到广泛的开发利用，数据要素价值持续释放。首先，政府各部门之间数据实现互联互通，"数据烟囱"问题逐步得到解决，政府公共数据的开发利用效率得到极大提升。其次，政府部门掌握的交通、天气、金融、电信、税收、社保等公共数据资源开始以授权运营的方式向企业、公众和科研机构开放，促进了公共数据资源的开发。最后，部分地方政府在确保数据安全和个人隐私的前提下，将公共数据在数据交易机构挂牌交易，促进了公共数据资源的交易流通和价值转化。

3. 产业发展趋势

2022年，国务院发布的《关于加强数字政府建设的指导意见》明确要求，要主动顺应经济社会数字化转型趋势，充分释放数字化发展红利，进一步加大力度，改革突破，创新发展，全面开创数字政府建设新局面。当前，我国数字政府建设快速推进，为推进国家治理体系和治理能力现代化、适应人民日益增长的美好生活需要发挥了重要作用。下一步，数字政府建设将推动服务模式、治理模式、决策模式和运营模式发生重大变化。

（1）服务模式由"职能驱动"转变为"需求驱动"。

在传统的计划经济体制下，所有的政务服务都是由各级政府部门按照职能制订计划，再向居民提供服务。但在市场经济条件下，群众期待的政务服务内容发生了重大变化，对政务服务的效率要求也有了很大提升，这种传统的决策模式和服务模式已经难以适应形势发展的变化，亟待调整决策模式。在这样的背景下，政务服务就需要从百姓需求出发，精准、快捷、全面地满足人民群众的实际需求，从而实现由"有什么要什么"到"要什么有什么"的转变。数字政府建设将更高的算力水平、实时数据分析能力融入政务信息化管理全流程，及时获取和分析各种数据来源的信息，为政府决策提供了全面、准确的支持，辅助政府部门更好地应对紧急情况、制定城市发展规划、提前预判居民需求。

（2）治理模式由"单向治理"转变为"协同治理"。

一直以来，各级政府部门都是"各管一摊"，相互协同配合不足，

第五章 "东数西算"工程的产业图谱

难以形成治理合力。例如，许多政府部门都建立了独立的数据系统，相互之间不连通，布局同样的数据需要多次重复录入，不仅增加了工作量和工作成本，而且部门之间的协调效应难以发挥，很大程度上制约了政府服务效率的提升。浙江、山东等地开展的"最多跑一次""一次不用跑"等政务服务改革，打通了部门之间的数据壁垒，不仅极大地降低了数据采集、录入的成本，而且大大提升了政务服务效率，减轻了群众负担。算力的提升显著促进政府部门之间的数据共享和合作，政府部门之间可以轻松地整合和分析各部门的数据，从而提高整体的决策水平、决策效率和服务质量。

（3）决策模式由"靠经验决策"转变为"靠数据说话"。

政府决策涉及对社会公共事务的管理，决策的科学性、准确性和效率关系到经济社会发展的成效。随着信息技术的快速普及，海量的数据信息影响着世界经济、政治、文化发展的各个方面，没有任何民族和国家能够置之度外。我国建设了政务大数据平台，整合了各级政府的数据资源。利用先进的数据处理和分析技术，能够实现对大量数据的实时查询、分析和可视化展示，帮助政府了解社会经济状况、民生情况和政策效果等。越来越多的政府部门开始重视数据，提升各级领导干部获取数据、分析数据、运用数据的能力，改变过去"经验主义"的思维习惯，逐步建立起以数据说话的定量决策机制。

（4）运营模式由"政府主导"转变为"社会化运营"。

政务服务涉及产业发展、社会保障、国防安全、文化教育、科技创新等经济社会生活的方方面面。随着社会主义市场经济体制改革的深入推进，信息通信、公共交通、城市供水等部分公共服务职能逐渐由政府机关转移到事业单位或者国有企业，甚至部分职能开始向社会购买服务。政府的职能转变不仅适应了改革发展的需要，而且极大提升了社会公共服务的效率。数字政府的运营具有很强的专业性，对政务服务的响应速度和精准性有很高的要求。未来，随着政务服务种类的增加和要求的提升，数字政府的建设将进一步提速，其运营模式将由政府主导向社会化运营转变，从而提升数字政府服务的专业性、响应速度和治理水平。

4．产业发展重点

"东数西算"工程的实施将极大提升政务数据存储能力和计算水平，推动数字技术在政务管理服务中得到广泛应用，推进政府治理流程优化、模式创新和履职能力提升，构建数字化、智能化的政府运行新形态，充分发挥数字政府建设对数字经济、数字社会、数字生态的引领作用，促进经济社会高质量发展，不断增强人民群众获得感、幸福感、安全感，为推进国家治理体系和治理能力现代化提供有力支撑。

（1）持续提升数字基础设施。

数字基础设施建设是数字政府和智慧城市建设的重要内容，也是提升政府政务服务效率的基础和保障。下一步，要持续加大数字政府建设投入，加强数字基础设施建设，切实提升政务数据存储、传输、运算能力，为政府数字化转型提供有力支撑。要持续优化政务数据网络、平台、安全等基础设施，加强政务数据采集、存储、计算等数字基础设施建设，夯实数字政府建设基础。要扩大政务云、一网通办等政务服务的覆盖范围，优化数字公共产品供给，加快消除区域间"数字鸿沟"。要加强数字政府建设资源统筹，提升跨层级、跨地域、跨系统、跨部门、跨业务的协同管理和服务水平，避免分散建设、重复建设造成资源浪费，切实提高数字政府建设成效。要建立有效的数据收集机制,包括采用数字化的数据采集工具和系统，确保数据的准确性和完整性，确保基层政府能够准确、及时收集和管理数据。要加大力度统一数据标准规范并推广应用，进一步完善数据互通共享的底层业务逻辑，自上而下统筹各部门主管行业领域的数据元、代码集标准建设，全面解决政府部门数据"同义不同语"问题，将数据标准规范传导至省、市、区县、园区等各级部门，为实现政务数据横向、纵向全面贯通创造基础条件。

(2）加强技术与业务深度融合。

政府业务系统的数字化改造是数字政府建设的核心内容。当前，部分供给侧服务商依然采取 2C 的策略以平台赋能的方式向政府提供服务，大数据、人工智能等新一代信息技术在政府定制化业务中应用不足，在推动业务创新、重塑业务流程等方面仍有较大提升空间。下一步，要加强新一代信息技术与政府各业务场景的融合应用。首先，统筹推进技术融合、业务融合、数据融合，推动数字政府建设与数字经济、数字社会的协调发展和统筹推进，为经济社会发展提供有力支撑和坚强保障。其次，推动云计算、大数据、人工智能等新一代信息技术在交通、医疗、金融、教育等垂直行业的深度应用，推动政府业务流程改造和组织结构优化，提升政府服务效率。最后，提升数字化能力，通过举办培训课程、工作坊和培训资源供给等方式，提升基层政府工作人员的数字意识和技能，增强熟练使用数字工具和平台的能力。

（3）加强基层数字化建设。

基层是服务人民群众最直接的前沿阵地，提升基层政府的数字化水平能够让广大群众更为直接地享受到数字化红利。但是，我国基层数字政府建设水平较低，城乡数字鸿沟较为严重，因此智慧社区、数字乡村建设将成为未来发展的重点。下一步，要以基层政府为重点，推动数字政府建设，切实提升基层政府的数字化水平，推动治理体系和治理能力现代化。首先，加快普及基层电子化政务服务。推动基层政府部门之间及其与上级政府之间的数据共享和协作，建立统一的数据标准和共享平台，促进信息的流通和共享，提高政府工作的协同性和整体效能。其次，持续加大县乡两级政府的数字化建设投入，加强农村社区智慧管理、社会服务适老化改造，推进公共服务普惠均等可及，提高社区居民的满意度和幸福感。最后，加大数字乡村建设投入，有力推动农村智慧医疗、优质教育资源农村普惠、农业生产、农资采购和农产品销售数字化等建设，让广大农村居民切实感受到数字乡村建设的红利。

（4）促进数字政府与智慧城市融合发展。

数字政府和智慧城市建设在深度与广度上既有交叉又有不同，但二者的目的都是促进各类公共服务供给数字化、智能化发展，推动城市管理精细化、服务精准化，更好地服务公众生活。下一步，要结合数字政府和智慧城市建设的趋势，将数字政府和智慧城市建设有机统一。首先，加强建设资金、土地、网络、人才等资源的统筹，推动城市数字化改造，提高社会治理水平，提升数字政府和智慧城市建设成效。其次，明确数字政府和智慧城市运营管理的权力边界，实现二者的融合互促，切实提升政务服务和城市管理的效率，提高城市管理和服务的智能化、智慧化水平。最后，加快利用数据处理能力提升城市治理和公共服务。通过传感器和数据分析，延伸实时监测和管理城市交通、环境、能源等方面的范围，提高城市的运行效率和居民的生活质量。

第七节　数据要素市场

1．产业链构成

党的十九届四中全会提出将"数据"增列为一种生产要素，明确要求"健全劳动、资本、土地、知识、技术、管理、数据等生产要素由市场评价贡献、按贡献决定报酬的机制"。《中共中央 国务院关于构建数据基础制度更好发挥数据要素作用的意见》（以下简称"数据二十条"）提出"完善数据要素市场体制机制""打造安全可信、包容创新、公平开放、监管有效的数据要素市场环境"。但是，数据要素市场建设和数据交易流通还面临一系列困难，不敢交易、不愿交易、不会交易的情况较为突出。"东数西算"工程为数据存储、流通、交易创造了物理条件，推动了数据要素产业链的构建，为数据交易流通和开发利用提供了有效的安全防护，将推动数据要素的流通交易和价值挖掘。

从图12可以看出，数据要素产业链上游主要包括数据标注、采集、清洗、加工等内容，涉及主体有各级政府、电信运营商、大型国有企业、大型互联网公司等；中游主要包括数据登记、确权、资产评估、交易等内容，涉及主体有研究机构、律师事务所、会计师事务所等数据服务商；下游主要包括数据分析、数据挖掘、AI训练、融合应用等内容，涉及主体有扩容机构、互联网企业和研究机构。在数据要素市场培育过程中，集数据确权、定价、交易、仲裁、咨询等服务于一体的数据交易市场将扮演十分重要的作用，或将成为继证券、期货等交易市场之后的又一种交易平台，并带动数据要素产业的发展。

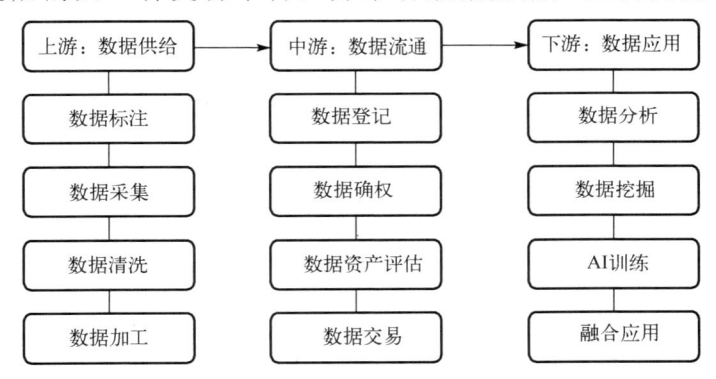

图 12 数据要素市场产业链

2．产业发展现状

当前，数据已经成为数字经济时代的基础性战略资源和关键生产要素，完善数据要素市场化配置是畅通数据流转、激发数据要素价值的重要举措。近年来，国家高度重视数据要素市场建设，明确提出加快培育数据要素市场，数据要素市场呈快速发展趋势。

（1）制度标准持续完善。

国家层面，行政部门高度重视数据要素流通，陆续出台多项政策措施。2021年，国务院印发《要素市场化配置综合改革试点总体方案》，明确要求"探索建立数据要素流通规则"。2022年12月，中共中央、国务院发布"数据二十条"，提出"建立保障权益、合规使用的数据产权制度""建立合规高效、场内外结合的数据要素流通和交易制度"。行业层面，数据在交通、医疗、金融、农业、制造业等领域的流通应用与制度探索持续推进，累计出台超过25份行业数据流通规则，加快数据要素与各行业深度融合，如交通运输部印发《推进综合交通运输大数据发展行动纲要（2020—2025年）》。标准方面，国家、行业和地方先后制定了一系列数据流通标准规范。其中，全国信息技术标准化技术委员会成立大数据标准工作组，已经研究出台了30多项数据领域国家标准；金融、电力等部门先后出台了《期货交易数据交换协议》《电能质量数据交换格式规范》等标准；各地积极推进数据流通标准建设，如山东数据交易流通协会牵头制定《数据产品登记业务流程规范》等近20项团体标准。

（2）交易平台快速兴起。

近年来，随着数字经济蓬勃发展，数据的生产要素属性日益凸显，受到各级政府的高度重视。2019年10月，党的十九届四中全会首次将"数据"增列为一种生产要素。2020年10月，党的十九届五中全会提出推进数据要素市场化改革，再次确立了数据要素的市场地位。2022年年底，"数据二十条"明确提出"统筹构建规范高效的数据交易场所""加强数据交易场所体系设计，统筹优化数据交易场所的规划布局""出台数据交易场所管理办法，建立健全数据交易规则"。在国家战略的指引下，各级政府大力推动数据交易市场建设，组建数据集团，积极探索多种形式的数据交易模式。据不完全统计，截至2022年年底，我国已经建立的数据交易机构超过40家。目前，贵阳、北京、上海、深圳等地数据交易平台积极探索数据银行、金融衍生品、数据专区等数据交易模式，大力发展数据资产评估、登记结算、交易撮合等市场运营体系。

（3）交易规模不断扩大。

我国数据资源规模优势明显，数据产量仅次于美国，但是开发利用严重不足。根据全球数据服务商OnAudience的数据，2021年我国数据市场规模仅为美国的18%。数据交易是数据开发利用的重要环节，是加快数据流动、推动产业升级、释放数据价值的重要手段。

近年来，各地纷纷抢占数据交易发展先机，围绕数据资产评估、登记结算、交易撮合、争议仲裁等市场运营体系，积极探索数据要素价值转化模式，培育数据服务商，数据交易规模呈不断增长的趋势。根据中国信息通信研究院的数据，2022年我国数据交易规模超过700亿元。在数据交易规模不断增长的同时，场内交易、合规交易的比重也在不断上升，以数据交易所/中心为主导的场内交易占比从2021年的约2%上升到5.7%，说明我国数据交易市场建设正在不断完善。

（4）利用模式日益丰富。

随着数据要素市场的发展，各地方和企业以市场需求为导向，积极探索数据要素价值转化的新业态、新模式、新路径。例如，北京市积极探索数据资产质押融资等业务模式，2022年10月12日，北京银行城市副中心分行采用罗克佳华科技集团股份有限公司的数据资产质押，成功落地首笔1000万元数据资产质押融资贷款，开创了数据资产抵押贷款的先河，推动了佳华科技双碳云图大数据底座的不断完善；深圳数据交易所探索无质押数据资产增信贷款模式，2023年3月30日，深圳微言科技有限责任公司协同数据资产登记确权、数据质量评估、数据资产价值评估、数据合规安全评估等权威第三方服务机构，通过数据产品合规审核上架、数据商资质审核机制互通、数据资产定价估值等业务深入合作，凭借其在深圳数据交易所上架的数据交易标的，获得了光大银行深圳分行授信的1000万元贷款；中车四方积极探索数据利用模式，将轨道交通装备领域的机理模型、行业经验转化为数据，沉淀为平台应用，加速全流程数字化改造，使产品的研发周期缩短了22.3%，生产效率提升了20%，运营成本降低了2.4%。

3．产业发展趋势

数据是数字经济时代的"石油"和"钻石矿"，是继土地、劳动力、资本、技术之外的第五大生产要素。数据的流动，就像石油的燃烧，可以产生动力，带来价值，促进技术、人才、资金等要素资源的流动，有效提升全要素生产率。当前，我国数据要素流动还面临数据管理能力不强、市场机制不完善、市场生态不成熟及数据安全保障不够等问题。下一步，要坚持问题导向，紧密结合数字经济发展趋势，加快推动数据要素市场建设，促进数据交易流通。

（1）更加注重场内交易。

数据是一种新型生产要素，数据交易是数字经济时代兴起的新兴事物。目前，我国数据交易处于起步阶段。由于数据权属、会计准则等方面的制度缺失，交易平台、资产登记等基础设施不完善，数据安全、资产评估、争议仲裁等服务不健全，使得大量交易活动都在场外进行。据不完全统计，目前超过90%的数据交易活动都在数据交易所场外进行。下一步，各地将更加注重数据交易制度建设，完善数据确权登记、安全合规、质量评估、价值评估、争议仲裁、法律咨询等相关制度建设，从而引导更多数据交易在数据交易场所内进行。

（2）更加强调合规交易。

目前我国数据交易以场外交易为主，数据来源、数据产权、数据安全等都难以得到有效保障。加强数据交易的合规管理，提升场内交易比重，提高数据交易的规范化水平，将成为数据要素市场建设的重要内容。下一步，各地将积极引导党政机关、企事业单位、互联网企业、金融机构等在做好数据安全和个人隐私保护的前提下开放数据资源，在数据交易机构进行挂牌交易，扩大公共数据供给的数量和提升数据供给的质量，促进公共数据资源的高效流通和价值转化利用。

（3）更加倾向增值服务。

我国数据交易起步较晚，数据流通体系建设滞后，数据交易模式和价值实现方式有限，数据交易仅限于数据使用权的登记结算和交易撮合，数据资产评估、确权定价、质量评价、争议仲裁等增值服务较为缺乏，制约了数据资源的开发利用和数据产业的高质量发展。下一步，各地将加快培育一批数据服务商，围绕数据交易流通开展数据标注、数据清洗、数据加工、资产评估、数据经纪、数据挖掘分析等增值服务，满足用户个性化、定制化需求，为促进数据要素交易流通提供有力支撑，加快推进数据要素价值开发。

4．产业发展重点

推动数据交易流通，提升数据供给质量，是发挥数据要素作用、提升数据要素价值、实现数据价值转化的必经之路。但是，数据要素流通方面还存在产权不清晰、标准不统一、技术不成熟等问题，制约了数据流通交易。下一步，各级地方政府和企业可以抓住数据流通的痛点难点，坚持问题导向和目标导向，积极参与数据资产登记平台和数据交易市场建设，布局数据增值服务。

（1）参与数据资产登记平台建设。

数据交易是推动数据要素价值转化、释放数据要素红利的关键环节，但是在实践中还面临"确权难、定价难、入场难、互信难、监管难"等问题。要进一步激发交易主体的积极性，推动更多高价值数据交易流通，进而激活数据要素潜能，一个重要前提就是要开展数据资产的权属登记。早在2016年，贵阳大数据交易所出台的《数据确权暂行管理办法》就提出了数据登记确权方式。2021年6月，深圳市七届人大常委会第二次会议通过《深圳经济特区数据条例》，提出"数据权益"，规范个人数据和公共数据权属。2021年9月，北京国际大数据交易所上线基于自主知识产权开发的数据交易平台IDeX系统，为上架交易数据产品提供登记服务，并发放隐私计算数据资产凭证，同时依托区块链等技术搭建数据资产登记平台，发布数据资产凭证及数字交易合约。2022年11月，由中国电子技术标准化研究院牵头建设的全国数据资产登记服务平台，推动数据资产跨域互认，推动形成全国统一大市场，共同营造数据要素市场良性生态。随着数据要素市场的发展和数据交易规模的扩大，数据资产登记将成为数据确权、定价、交易、流通的前提条件，国有企业、研究机构、行业组织等市场主体可以提前布局，参与数据资产登记平台建设。

（2）参与数据交易市场建设。

近年来，各地纷纷抢占数据交易发展先机，贵州、北京、上海、深圳等地先后成立各具特色的数据交易平台。其中，**上海数据交易所**重点突出准公共服务、全数字化交易、全链生态构建、制度规则创新"四大功能"，目前已在金融、交通、通信等板块形成规模交易的条件，挂牌数据产品总数超过 100 个，覆盖全国 10 余个省市；**北京国际大数据交易所**率先实现了新型交易模式、交易系统、交易合约、交易场景、交易生态的落地，数据交易参与主体近 300 家，引入各类数据产品数量超 1000 个，产生数字交易合约达 800 多项；**深圳数据交易所**围绕合规保障、流通支撑、供需衔接、生态发展四个方面，积极打造覆盖数据交易全链条的服务能力，构建数据要素跨域、跨境流通的全国性交易平台，截至 2023 年完成登记备案交易 625 笔，交易金额超 18.2 亿元，覆盖金融科技、数字营销、公共服务等 106 类应用场景。根据《中国数据交易市场研究分析报告（2023）》，2023 年我国数据交易规模超过 877 亿元。未来一段时期，随着数据基础设施的建设和基础制度的不断完善，数据交易需求和交易规模快速增长，参与数据交易平台及服务体系建设或将成为重要投资方向。

（3）参与提供数据增值服务。

培育数据要素产业生态，是推动数据资产交易流通和价值转化的重要保障。但由于缺乏数据要素市场建设经验及配套产业，目前国内数据交易机构运营情况并不理想，潍坊等地多家交易机构已注销，湖北、杭州等地 20 余家交易机构年成交量不足 50 笔或暂停营业。2023 年，虽然国内数据交易市场规模达到 877 亿元，但与 1.74 万亿元的大数据产业规模相比，还存在较大差距。大型互联网平台企业、电信运营商等拥有海量数据资源的市场主体几乎没有开展数据交易业务，市场空间有待拓展。"东数西算"工程的实施为建立超大规模数据要素市场打下了坚实基础，下一步要加强数商培育，支持其开展数据流通技术研发、数据合规认证、交易主体评级、数据

第五章 "东数西算"工程的产业图谱

质量评估、数据资产评估、争议仲裁等配套增值服务，打造数据要素产业生态，促进数据交易流通和价值转化。

（4）参与数据流通技术研发。

当前，数据交易流通所涉及的技术路线、系统工具、安全防护等技术基础较为薄弱，数据流通安全保障水平较低，很大程度上制约了数据流动。下一步，企业可以在数据隐私保护、数据溯源跟踪、数据技术融合等方面加大研发投入，增强数据隐私技术的单独、组合应用，探索基于数据加密、哈希、差分隐私的组合式数据隐私技术应用，支持数字水印、数据脱敏、匿名化、可信计算和同态加密等技术广泛应用；开展基于区块链数据授权存证、数据溯源和数据完整性跟踪，明确数据流通过程权益归属；增强隐私计算、联邦学习、人工智能等新技术在流通全周期、全链条的融合应用，利用区块链技术实现全链条监管，确保数据流通的安全可靠。

第八节 元 宇 宙

1. 产业链构成

元宇宙是平行于物理世界的虚拟宇宙，利用沉浸式交互方式可实现物理世界与元宇宙的连接，现实与虚拟的人、物、环境都可在元宇宙中实现交互、创造价值。元宇宙世界的构建对算力要求极大，算力支撑着元宇宙，同时高沉浸、强交互、低延迟的多维元宇宙世界对算力的要求呈指数级增长趋势。例如，元宇宙内容的建模、显示就需要大量的算力来进行渲染，画面越精细，对算力的要求就越高，及时的信息交互、反馈也需要强大的运算能力，涉及的产业环节较多、产业链较为复杂，如图13所示。

国内外专家都认为，元宇宙相关技术的实现需要依靠超强算力支撑。英特尔高级副总裁拉贾·科杜里认为，实现元宇宙需要把目前最先进的算力水平提高1000倍；中国工程院院士刘韵洁曾提出元宇宙算力需求的具体数值，其中AR/VR、区块链和人工智能的算力分别需要达到 3900 EFLOPS、5500 EFLOPS 和 16000 EFLOPS。工业和信息化部的数据显示，截至 2023 年 6 月底，全国在用数据中心机架总规模超过 760 万架标准机架，算力总规模达到 197 EFLOPS，包含基础算力、智能算力、超算算力，距离刘韵洁院士所提出的数值还相差 20 倍，算力壁垒限制了元宇宙的爆发式发展，导致许多技术的设想、革新暂时还难以成为现实。

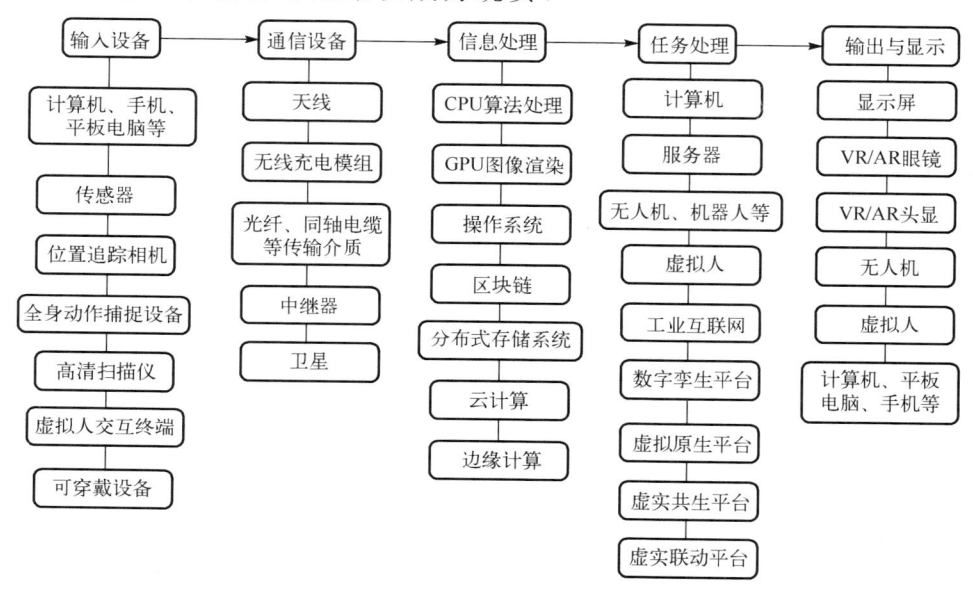

输入设备	通信设备	信息处理	任务处理	输出与显示
计算机、手机、平板电脑等	天线	CPU算法处理	计算机	显示屏
传感器	无线充电模组	GPU图像渲染	服务器	VR/AR眼镜
位置追踪相机	光纤、同轴电缆等传输介质	操作系统	无人机、机器人等	VR/AR头显
全身动作捕捉设备	中继器	区块链	虚拟人	无人机
高清扫描仪	卫星	分布式存储系统	工业互联网	虚拟人
虚拟人交互终端		云计算	数字孪生平台	计算机、平板电脑、手机等
可穿戴设备		边缘计算	虚拟原生平台	
			虚实共生平台	
			虚实联动平台	

图 13　元宇宙产业链

"东数西算"工程的启动，将极大提升我国算力规模，促进元宇宙应用场景的落地，推动元宇宙产业的创新发展。一是推动基础设施升级。网络也是元宇宙最重要的基础设施。以 VR 场景体验为例，想要得到极致体验，对网速的要求在 1000Mbit/s 以上，延时在 2ms 以内，而现在的 5G 网络速率平均在 304.8Mbit/s，还远远不能满足该需求。"东数西算"工程将系统解决网络通信的核心技术难题，加快 6G 技术的落地应用，助力元宇宙基础设施升级。二是解决算力紧缺问题。"东数西算"工程的建设和运营将进一步打通产、学、研各方关节，促进算力、网络、数据、能源协同联动，提升我国整体算力规模、算力调度能力、算力融合水平，推动数字经济高质量、

第五章 "东数西算"工程的产业图谱

高效率发展，逐步缓解东部地区因土地、能源资源紧张导致的算力紧缺问题，从而降低算力成本。三是带动产业创新发展。"东数西算"工程将进一步满足高沉浸、强交互、低延迟对算力强度与高度的需求，推动人类触及元宇宙世界终极形态的可能性，带动 XR 内容开发、硬件芯片制造、虚拟空间平台、数据标注清洗等相关产业的创新发展，从而推动西部地区的产业结构优化。

2．产业发展现状

元宇宙是一个基于虚拟现实技术的、可扩展的、可交互的虚拟世界，用户可以在其中创造、交互、体验各种数字内容和服务，在医疗、设计、娱乐等领域具有广阔的应用前景，并将带动网络游戏、虚拟商城、虚拟办公室、虚拟教育、虚拟旅游等领域的发展。目前，国内外已经有许多企业和平台开始抢占布局元宇宙，如 Meta 的 Horizon Workrooms、腾讯的元宇宙计划、Roblox 等，国内许多企业已经在元宇宙产业链占据一定的地位。

（1）产业体系较完整。

元宇宙的上游底层技术环节分为硬件元器件和基础软件两部分，前者主要涉及光学器件、显示屏、传感器、核心芯片等硬件；后者主要指操作系统、数据库、编译器等软件。近年来，我国已经在软硬件方面构建了比较完整的产业链，但是自主可控能力较弱，核心环节面临较大的技术风险。硬件元器件方面，目前我国上游产业链原材料国产化自主程度较高，总体达到 50%以上，传感器、芯片、显示器、输入设备等产业体系较为完整，在广东深圳、浙江宁波、北京、上海等地形成了配套产业体系，但大量关键零部件和核心元器件仍然依靠从美国、韩国、日本等海外市场进口，随时面临断供风险。基础软件方面，目前元宇宙的软件开发主要依靠个人计算机，而个人计算机的桌面操作系统基本被美国企业所垄断，其中微软的 Windows 系统、苹果的 macOS 和谷歌的 Chrome OS 分别占据市场份额的 80.5%、10.8%和 7.5%，而以麒麟为代表的国产操作系统及其他操作系统一起在全球市场的占有率仅为 1.2%。

（2）技术基础不断加强。

元宇宙的构成要素包括硬件设备、软件平台、虚拟现实技术、人工智能、区块链等。硬件设备方面，虚拟现实眼镜、手套、体感设备等技术和制造能力日益成熟，可以让用户身临其境般感受到虚拟现实空间。软件平台方面，随着元宇宙的快速发展，国内外企业发布了 The Sandbox、Decentraland、Roblox、Horizon Worlds、希壤、虹宇宙等元宇宙平台，逐渐成为广大用户体验元宇宙场景的首选方式。人工智能方面，智能算力水平的不断提升和 AI 大模型的快速迭代，能够为 3D 建模、图形渲染、虚拟物品制作生成、数字仿真模拟、体积视频等提供强大的算力支撑，使元宇宙体验效果更加逼真。区块链方面，随着区块链技术的迭代应用，能够支持更大规模的交易和数据处理能力，有效地保证数据的连续性、准确性和不可更改性，为元宇宙提供了可靠的基础设施，用户可以自由地交换和共享数字资产。可见，元宇宙相关技术的快速进步，进一步增强了元宇宙的技术基础，推动元宇宙体验的沉浸式和逼真化。

（3）终端产品发展迅速。

元宇宙技术的应用需要有具体的呈现形式和入口通道，而终端入口就成为元宇宙产品的直接展示通道。元宇宙的终端入口主要指 VR（Virtual Reality，虚拟现实）、AR（Augmented Reality，增强现实）、MR（Mixed Reality，混合现实）等 XR（Extended Reality，扩展现实）终端设备。近年来，随着元宇宙技术的发展、生态应用的丰富及终端渗透率的日渐增高，XR 终端逐渐得到行业和市场的认可，成为主流的新一代消费级个人计算平台。目前，元宇宙终端产品领域的竞争较为激烈，国内企业发展迅速，逐渐诞生了 PICO、大朋、爱奇艺等一系列有影响力的行业品牌，但总体市场占有率还比较低，难以与国外头部企业竞争。在 VR 终端行业，Meta 的市场占有率较高，始终保持着绝对领先的地位，而且垄断优势还有进一步加强的趋势。根据 IDC 的数据，2023 年全球 AR/VR 头显出货量为 810 万台，同比下降了 8.3%，其中索尼的 PSVR 和 Meta 的 Quest 3

头显比较受欢迎。

（4）行业应用极为广泛。

元宇宙行业的发展在带动传统互联网行业应用三维化升级的同时，也催生了全新的商业模式与应用模式。当前，元宇宙技术被广泛应用在媒体、舆情、社交、游戏、电商、会展、体育、教育培训、文化、卫生、智能制造、国防、数字藏品等多个领域。以 VR 内容为例，我国元宇宙相关生态内容行业中，游戏、视频、直播领域的市场占比较高，分别为 40%、20%和 9%；医疗、教育领域规模较小较低，仅为 9%和 8%。在媒体、舆情领域，新华网、人民网等媒体在其网站上线 VR 专区，使用 VR 技术打造全景视频、党建学习等应用场景；Vivoport 与 VeeR 搭建元宇宙应用商店平台，打造以全景视频与 VR 应用为主要内容的聚合平台。在社交、游戏领域，腾讯计划借助现有微信、QQ 的用户优势，布局投资元宇宙社交软件 Soul，追赶作为全球领先元宇宙社交应用的 VRChat。由于元宇宙游戏领域有着良好发展前景，网易游戏、米哈游科技、完美世界、中青宝等具有良好基础的企业纷纷从游戏角度进入元宇宙游戏赛道。在电商、会展领域，随着元宇宙的兴起与相关技术的成熟，电商、会展行业积极探索元宇宙应用新模式；百度融合 VR、AI、智能云等技术，提供一站式线上云展会解决方案；华为打造具备 AI 强环境理解、直观信息获取、精准定位推荐、虚实融合拍照、人性化步行导航等五项核心功能的华为河图，该应用有望成为替代或超越谷歌地图的成果。

3．产业发展趋势

目前，元宇宙仍然是一个相对模糊的概念，但其潜力已经受到社会各界的广泛关注，成为科技、娱乐、艺术、社交等多个领域的热门话题。2020 年以来，亚马逊、三星、百度、腾讯等全球互联网头部企业强势进军元宇宙领域，Facebook 甚至将公司名字改为 Meta，促进了元宇宙技术在土地、建筑、游戏等领域的快速应用，吸引了许多创作者和广大投资者的关注。目前，尽管元宇宙技术研发和场景应用都还处于探索阶段，但作为现实世界与虚拟世界的交互载体，元宇宙是数字经济、数字娱乐等领域的重要发展方向，将会有广阔的发展前景。

（1）三维互联网将快速发展。

随着 5G/6G、物联网、人工智能、云计算等技术的快速迭代，人们对互联网发展与应用的期待逐渐从平面的二维空间向立体的三维空间转变，期待创造出全新虚拟空间，为生产生活各方面带来更真实、便利、智能的互联网体验，提升网络游戏、教育培训、文化旅游、远程会议等领域的交互性、参与感和沉浸感，使互联网突破空间束缚。近年来，算力网络、AIGC（生成式人工智能）、AI 芯片等技术的快速发展，图形处理器等三维化能力及相关硬件将实现迅速迭代，三维建模、图形渲染、虚拟物品制作生成、数字仿真模拟、体积视频等领域呈现出快速突破的苗头，为现实世界的物理空间与网络世界的数字空间相结合提供了技术支撑，或将推动三维互联网的快速发展。

（2）XR 设备将迅速崛起。

XR 设备是可以为用户提供增强现实、虚拟现实和混合现实体验的设备，如 Oculus Rift、HTC Vive 等 VR 头显，Google Glass、Microsoft HoloLens 等 AR 智能眼镜，Magic Leap One 等 MR 头显，能够为体验者带来虚拟世界与现实世界之间无缝转换的"沉浸感"。XR 设备是元宇宙的"入口"，具有产业链长、附加值高、带动性强等特点，不仅涉及芯片、显示屏幕、光学器件、眼球捕捉、传感模组等基础产业，而且全方位的交互体验需要视觉、动作、手势、语音、听觉等相关技术的全力配合，从而带动空间音频、触觉手套、肢体捕捉等软硬件技术的发展和应用。随着元宇宙技术的发展和应用场景的拓展，XR 终端的市场规模有可能超越智能手机，再造一个移动互联网产业。

（3）人工智能将得到快速发展。

目前，元宇宙垂直应用较少，但 ChatGPT 出现以后，开辟了一条

第五章　"东数西算"工程的产业图谱

元宇宙内容制作的新路径。百度、科大讯飞等 AI 头部企业纷纷投入大模型训练，积极部署和研究通用人工智能技术，之前如图像识别之类的算法其实对大型算力中心需求较小，如今大模型每次训练耗费海量算力和电力资源，大模型的训练成本在 1000 万元以上，阻碍了人工智能的应用。"东数西算"工程可以就近消纳绿色能源，减少长距离电力传输造成的损耗，并且利用西部地区自然环境实现冷却，最大限度减少能源损耗，降低训练成本，提升企业技术孵化能力。

（4）应用场景将持续丰富。

众多消费元宇宙应用中，数字人和 3D 空间是当前最符合企业和个人期待的两个领域。数字人（Digital Human），也就是虚拟人体形象技术，是运用数字技术创造出来、与人类形象接近的数字化人物形象。例如，杭州亚运会开幕式巧妙地运用了 AR 技术，让"数字人"手持亚运火炬，踏着浪花，来到杭州奥体中心上空，和现场的第六棒火炬手共同点燃主火炬，引爆全场。这也是亚运史上首个"数字人"参与的点火仪式，也是全世界第一个数实融合的点火仪式。"东数西算"工程启动后，数字人应用领域将逐步从影视、动漫、游戏等泛文娱领域向主播、教育、医疗、金融等方向发展，强化内容、IP 融合外，带动"元宇宙+"行业赋能加速。

（5）专精特新"小巨人"将快速涌现。

目前，元宇宙领域的企业主要可以分为三类：第一类是腾讯、微软、Meta 等互联网头部企业，依托其强大的技术开发能力和资源整合能力构筑完善的元宇宙产业生态；第二类是英伟达、高通等头部企业，主要在其具有技术优势和制造能力的领域为元宇宙提供芯片、算力等支持；第三类是内容制作、消费品、金融等行业企业，主要围绕自身需求打造数字空间、发布数字藏品、聘用虚拟员工等，通过元宇宙实现业务提升和产业升级。目前，前两类企业在元宇宙领域已经具备一定的技术优势和市场优势，但受既有业务的限制，在新赛道的创新和开拓不足，而许多创业企业和创业团队在细分领域和具体环节深耕，有望成长为专精特新企业。因此，随着"东数西算"工程的实施，元宇宙领域将迎来企业创新的热潮，从而在细分领域诞生一批专精特新"小巨人"。

4．产业发展重点

元宇宙不是单一的技术，是由 5G、AR/VR/MR、数字孪生、传感器、云计算、人工智能、区块链等多种技术在不同场景中互相结合的产物。元宇宙产业链构成可分为上游、中游和下游，上游包括底层技术、网络技术部分，中游包括终端入口、平台技术部分，下游包括生态应用、服务产业部分，但是各环节发展水平具有较大差距。下一步，我国元宇宙产业要找准中外企业的差异，加大研发投入，补齐短板弱项，推动元宇宙全产业链协同发展。

（1）研发底层技术。

元宇宙底层技术方面，目前国内主要企业有京东方、利亚德、水晶光电、灵犀 AR、全志科技、华为、麒麟软件、中标麒麟、瑞芯微电子、万里数据库等，但与三星、英特尔、思科、ARUBA 等国外企业相比还有一定差距，要加大芯片、开发系统、创作工具等底层技术和开发工具的研发投入，进一步夯实元宇宙发展的基础。芯片方面，要支持 GPA、CPA、CPU、GPU 等芯片发展，提升计算机芯片设计和制造能力，为提升元宇宙发展提供强大的存储能力和计算能力。操作系统方面，支持开发基于元宇宙的桌面操作系统或者专用操作系统，争取摆脱对国外操作系统的依赖。创作工具方面，支持国内企业开发元宇宙创作工具，为 VR、AR、MR 等 XR 终端设备研发提供强大的技术和工具支撑。数据流通方面，鼓励发展元宇宙核心区块链技术，打通政企之间、企业之间的数据壁垒，达到数据一体化的目标，尽可能实现数据格式的统一，为大模型训练提供优质动力。

（2）夯实基础设施。

元宇宙涉及的技术包括通信网络技术、算力保障技术及相关新技术。根据元宇宙定义和实现生态所需的技术要求，现阶段元宇宙发展相关技术尚不成熟，其中以算力和网络等基础设施为主要短板，国内企业华为、中兴、浪潮、阿里巴巴、万国数据、世纪互联及三大电信运营商已有所布局，但与亚马逊、微软、戴尔、思科、谷歌、英特尔、三星等企业还存在一定差距。下一步，要加大算力、网络方面的技术研发强度和建设投入力度，提升算力和网络技术创新能力，夯实元宇宙发展的基础设施。首先，要加强电话、非电话、接入端口等终端设备，光纤、IP、接入流量等传输设备，以及基站等交换设备建设，夯实通信网络基础。其次，要加快推进"东数西算"工程建设进度，加强数据中心和超算中心等算力基础设施建设，不断提升数据存储和计算能力，为元宇宙技术发展和行业应用提供有力的算力支撑。最后，要推动异构计算发展，解决场景多样化、数据巨量化、部署规模化所带来的挑战，高效应对非结构化数据快速增长带来的挑战，进一步夯实元宇宙算力基础设施。

（3）加强行业应用。

元宇宙行业的发展不仅会极大地带动传统互联网的三维化升级，而且会催生全新的商业模式和应用模式。目前，腾讯、网易游戏、完美世界、米哈游科技、百度 VR 等国内企业主要关注游戏场景，少部分企业关注制造业、文化旅游等应用场景。下一步，要提升交互体验，创新应用模式和商业模式，推动元宇宙技术在更多应用场景得到应用。一方面，要积极探索行业应用模式。加快元宇宙与人工智能、虚拟现实、区块链等技术相结合，不断提高元宇宙的互动性和真实感，推动元宇宙在教育培训、游戏社交、医疗健康、文化旅游、国防军工、定位导航、数字藏品等领域的创新应用，积极探索元宇宙实现模式。另一方面，要积极探索商业模式。元宇宙的商业模式和盈利模式将直接影响元宇宙的发展前景，未来元宇宙将成为一个巨大的市场。要加强游戏、社交、教育、医疗、娱乐等领域元宇宙商业模式的探索，通过虚拟商品、虚拟货币、广告、会员等多种方式实现盈利，确保元宇宙产业发展具有可持续性。

（4）完善配套服务。

元宇宙的生态系统建设和发展战略也是未来元宇宙发展的重要方面。目前，元宇宙部分领域关注度比较高，但产业生态体系尚未形成，制约了元宇宙产业的持续健康发展。下一步，要加强元宇宙产业发展的趋势研判、战略规划和人才培养体系建设，完善元宇宙产业生态体系，推动元宇宙产业实现创新发展。首先，加强元宇宙发展趋势研判。超前部署系统平台、终端设备、应用服务等配套产业链，成立元宇宙产业园区，为元宇宙产业发展提供有力的支撑。其次，加强元宇宙战略规划。结合元宇宙发展现状，制定相应发展战略，包括扩大用户规模、加强技术研发、拓展应用场景等，以提高竞争力和市场占有率。最后，强化人才支撑。围绕元宇宙技术创新和产业发展，加强元宇宙软硬件技术人才培养，建立一个包含开发者、用户、投资者等各方的完整生态系统。

参考资料

1. 梁雪峰，韩笑，李航. "东数西算"之零碳关键技术.
2. 中国信息通信研究院. 数据中心白皮书（2022年）.
3. 雷波. "东数西算"推动网络技术演进的探讨.
4. 程艳娜. 数据中心技术发展趋势初探. 数字技术与应用，2021年第12期.
5. 华安证券. "东数西算"奠定数字经济发展基础.
6. 中国银河. 通信行业深度报告："东数西算"持续推进，光网络景气上行.
7. 首创证券. "东数西算"启动，利好高性能计算芯片.
8. 申万宏源研究. 通信行业数据中心产业链深度报告（三）：供需联动，"东数西算"背后的行业趋势和投资机会如何把握？.
9. 朱敏，洪亮. "东数西算"工程建设对数据中心产业链的影响及建议。通信企业管理，2022年5月.
10. 张丽，陈润竹. 我国云计算产业迈入更加成熟的发展阶段。新经济导刊，2023年第3期.